기업가정신

기업가정신

초판 1쇄 발행 2025년 4월 19일

지은이 황인학 최준선 신현한 강 원
  나석권 이주선 조성봉
펴낸이 조미현

책임편집 윤지현 김희윤 이수호 류근순
디자인 엄윤영
마케팅 이예원 공태희
제작 이 현

펴낸곳 (주)현암사
등록 1951년 12월 24일 (제10-126호)
주소 04029 서울시 마포구 동교로12안길 35
전화 02-365-5051
팩스 02-313-2729
전자우편 law@hyeonamsa.com
홈페이지 www.hyeonamsa.com

ISBN 978-89-323-2421-0 (03320)

책값은 뒤표지에 있습니다. 잘못된 책은 바꾸어 드립니다.

기업가정신
起業家精神
ENTREPRENEURSHIP

황인학 최준선 신현한 강원 나석권 이주선 조성봉

현암사

차례

프롤로그 8

우리가 잘 몰랐던 '기업가정신 경제학' 이야기

황인학

1 기업가정신 담론의 21세기 유행과 배경 18
2 기업가의 정체성 : 기업가(起業家)는 누구인가? 23
3 기업가정신은 현대판 마법사의 돌인가? 29
4 한국의 기업가정신, 세계 9위인가? 29위인가? 34
5 경제학 교과서, 덴마크 왕자가 빠진 햄릿 41
6 교과서에 없는 '기업가정신 경제학' 이야기 49
7 기업가정신은 사치재가 아니다! 57

기업의 탄생과 혁신의 기업가정신	1 무엇이 대풍요를 가능하게 했는가?	64
	2 기업의 탄생과 진화	75
	3 기업가와 혁신의 기업가정신	89
최준선	4 맺음말 : 기업가정신이 발휘될 수 있는 환경	109

기업의 존재 이유와 사내 기업가정신	1 들어가며	116
	2 기업의 존재이유	118
	3 기업의 존재 이유를 수행하기 위한 기업가정신	121
신현한	4 기업가정신을 기업 문화로 정착시키기 위한 방안	125
	5 마이다스아이티의 기업가정신	144
	6 맺음말	148

창업	1 들어가며	154
기업가정신과	2 기업가정신의 사업화	156
린스타트업 실무	3 창업의 보편화	158
강 원	4 린스타트업 실무 : FAQ	160
	5 맺음말	177

ESG와	1 우리는 새로운 각본이 필요하다	182
신(新)기업가	2 이해관계자 자본주의	192
정신의 태동	3 위대한 리셋 : 새로운 기업가정신의 출현	198
나석권	4 새로운 기업가정신의 셈법 : 파이 키우기 사고방식	208
	5 맺음말	212

우리나라의 기업가정신 발현과 그 성과

이주선

1 들어가며 218
2 산업기반 형성기(해방~1971)의 기업가정신 220
3 고도성장기(1972~1987)의 기업가정신 224
4 패러다임 전환기(1988~1997)의 기업가정신 229
5 위기극복 및 선진사회 도약기(1998~현재)의 기업가정신 234
6 맺음말 239

기업가정신은 근대화의 산물

조성봉

1 경제학에 기업가정신은 어떻게 등장하는가? 246
2 기업가정신이 조성될 수 있는 제도적 환경 251
3 기업가정신이 출현하는 경제 환경 258
4 맺음말 268

프롤로그

　기업가정신 이야기가 전 세계적 유행이다. 해마다 11월 셋째 주면 '세계 기업가정신 주간' 행사가 곳곳에서 열린다. 2008년에 시작한 이 행사는 어느덧 우리나라를 비롯해 세계 200여 나라가 참여하고 있다. 유럽집행위원회(EC)는 EU 회원국의 혁신 역량과 성과를 높이겠다며 벌써 25년째「유럽혁신지수」보고서를 발간하고 있다. 경제협력개발기구와 세계은행도 이에 뒤질세라 기업가정신 데이터베이스를 구축하여 제공하고 있다. 우리도 예외가 아니다. 대학에서는 경쟁적으로 기업가정신 과목을 개설하고, 정부는 청소년 대상의 기업가정신 교육 강화를 위해 교과서 개발을 계획 중이다.

　이와 같은 세계적 추세에는 원인이 있다. 기업가정신을 경제 성장과 일자리 창출의 해법이라고 보는 것이다. 그렇게 보는 이유는, 기업가정신이 각 개인의 성공과 기업 발전의 진정한 원천이기 때문이다. 기업가정신은 국가 차원의 거시적인 담론이라며 외면할 주제가 아니다. 기업가정신은 국가의 정책 과제이기 이전에 나, 그리고 우리의 삶과 미래를 결정하는 핵심 주제이다.

최근 미국에서는 제2의 도금 시대라는 말이 나오고 있다. 마크 트웨인의 소설 제목에서 차용한 도금 시대는 19세기 후반에 미국에서 수많은 기업가가 밤하늘의 뭇별처럼 나타나 엄청난 부를 축적하며 제2차 산업혁명을 이끌었던 시기이다. 지금은 인공지능, 휴머노이드 로봇, 모빌리티와 우주산업의 빅테크를 이끄는 기업가들의 이야기가 넘쳐난다. 그러자 세계의 많은 자본이 미국 시장으로 흘러가고 있다. 일례로 우리나라 개인투자자들의 미국 주식 보유액이 1,000억 달러를 넘어서기도 했다. 그야말로 19세기 도금 시대가 재현되는 분위기이다. 그에 따라 130년 전에 그랬듯이 지금은 기업가정신이 절실해지고 있다. 나와 우리의 성공을 위해서 기업가정신의 기본 개념과 본질을 충분히 이해하고 실천하는 것이 중요한 시기이다.

이 책은 이론 중심의 전문 서적이 아니다. 기업가정신은 시대적 화두이지만 유행어가 흔히 그렇듯이 오남용되기도 하고, 또 용어가 워낙 친근한 탓에 오히려 본질과 기능을 오해하는 사례도 있다. 그래서 기업가정신의 다양한 이야기를 이해하기 쉽게 풀어 놓은 서적이 있으면 좋겠다고 생각했다. 이 같은 취지에 저자들이 동의하고 시작한 것이 이 책이다. 이렇게 모인 공저자의 구성이 다소 특이해 보일 수 있겠다. 각자의 전문 분야와 경계가 분명한 경제학자, 경영학자, 법학자, 기업 CEO가 한데 어울려 똑같은 주제로 글을 쓰고 책을 내는 경우는 흔치 않으니 말이다. 그렇지만 기업가정신의 다양한 측면을 이야기하는 데 학제적 차이는 약점이 아니라 강점이며, 이 책의 의도이기도 하다.

이 책의 구성과 줄거리는 다음과 같다. 제1장은 기업가정신의 본질과 기능은 무엇이고, 내가 기업가가 되려면 무엇을 어떻게 해야 하는가에 대하여 여러 사람이 제기해 온 다양한 논점을 정리하여 소개한다. 기업가는 누구인가? 이 질문에 창조적 파괴의 혁신자, 전인미답의 개척자, 막대한 부를 일군 기업인, 또는 대단한 업적의 전문가를 떠올리는 이가 있을 것이다. 위인전을 방불케 하는 기업가 스토리에 익숙한 탓이다. 그러나 기업가정신은 특출난 자질과 역량을 갖춘 소수에게만 허용되는 사치재가 아니다. 제1장에서는 기업가가 되려면 직업, 학력, 연령, 성별, 전문성보다는 마음가짐(mindset)과 실천(act)이 중요하다며 그 이유를 설명하고 있다.

제2장은 혁신의 산물이자, 혁신의 주역인 기업의 조직과 제도를 알기 쉽게 설명한다. 미국 컬럼비아 대학의 총장이던 니콜라스 버틀러는 유한책임 회사를 현대사의 가장 위대한 발명으로 꼽으며, 그 이유를 '유한책임 회사가 없었다면 증기와 전기의 발

명도 소용없는 일이었을 것이기 때문'이라고 말한 바 있다. 증기는 제1차 산업혁명, 그리고 전기는 제2차 산업혁명을 상징한다. 그만큼 유한책임 회사는 혁신의 기업가정신에 최적화된 조직이다. 그로 인해 인류의 문명은 지금처럼 풍요롭게 발전할 수 있었고 앞으로도 그럴 것이다. 그러나 학교 공부는 기업과 기업가의 역할에 대해 침묵한 지 오래다. 로널드 코스는 1991년 노벨 경제학상 수상 강연에서 '교과서에 기업은 이름만 있고 실체는 없는 허울'이라고 했다. 이 비평은 지금도 유효하다. 제2장을 읽으면 회사제도와 기업가의 역할을 분명하게 이해할 수 있을 것이다.

제3장은 기업가정신이 기업의 지속 가능성과 경쟁력을 확보하는 데 필수적인 요소임을 강조하며, 이를 조직 문화로 정착시키기 위한 구체적인 방안을 제시한다. 기업가정신은 구성원들이 자율적이고 창의적으로 일하며, 실패를 두려워하지 않고 혁신을 추구할 수 있는 문화를 조성하는 데에서 출발한다. 제3장에서는 성공적인 기업가정신 실천 사례로 마이다스아이티와 SK하이닉스 등을 소개하면서, 기업의 구성원들이 기업가정신을 내재화할 수 있게 만드는 리더십의 역할과 체계적인 시스템의 중요성을 강조하고 있다. 기업가정신은 단순히 이윤 추구를 넘어 사회적 가치를 창출하고 장기적인 성장 기반을 마련하는 핵심 원동력이라는 점을 일깨운다.

제4장의 주제는 창업의 기업가정신이다. 일반적으로 신생 기

업은 신기술, 신제품, 신공정, 새로운 비즈니스 모델 등의 혁신성에서 기존 기업보다 높고, 창조적 파괴 경쟁을 촉발함으로써 소비자를 이롭게 하고 산업을 도약시키는 역할을 한다. 그러나 기회를 인지하고도 창업에 이르지 못하는 경우가 많다. 실패의 두려움이나 창업에 필요한 지식 또는 방법론에 자신이 없기 때문이다. 이에 제4장에서는 창업의 과정을 소개한다. 스타트업으로 불리는 벤처기업의 창업 과정은 정형화되어 있다. 새로운 아이디어와 기업가정신으로 무장한 젊은 창업자들이 창고에서 출발해서 엔젤이나 벤처캐피털로부터 자금을 조달받고 거대 혁신기업으로 거듭나는 과정은 수없이 반복되고 있다. 시스코, 휴렛팩커드의 신화가 애플, 구글, 에어비앤비, 우버, 엔비디아로 계속 이어지면서 창업자와 투자자는 성공의 방법을 공유하고, 공통의 언어를 발전시켜 왔다. 여기서는 특히 '린스타트업' 중심으로 최근 창업 생태계에서 공용되는 창업의 언어와 방법을 소개하고 있다.

제5장은 ESG 시대에 기업가정신의 새로운 방향과 과제에 관한 이야기이다. ESG는 환경(E), 사회(S), 거버넌스(G)의 복합어로, 현대 경영의 새로운 프레임워크로 대두하고 있다. 과거에는 효율성이 기업 경영의 유일무이한 덕목이었지만, 이제는 주주를 비롯한 다양한 이해관계자의 니즈와 기대에 부응하는 공정성도 효율성 못지않은 중요한 덕목이 되었다. 제5장은 새로운 시대에 기업가정신의 나아갈 방향에 대해 기업 현장에서 ESG 경영 업무

를 담당하는 CEO가 본인의 경험과 고민을 바탕으로 직접 쓴 글이다. 여기서는 ESG 개념의 태동과 확산의 배경 및 의의를 두루 살펴보면서 앞으로 우리 기업가들이 리셋해야 하는 다섯 가지 덕목을 제시한다. 그리고 새로운 시대의 기업가정신은 경제적 이익과 함께 사회적 가치까지 추구하는 '두 마리 토끼 잡기'가 되어야 함을 강조하고 있다.

제6장은 우리나라의 경제발전 과정에서 기업가정신의 역할을 시기별로 서술한다. 어느 시기든 우리나라 기업가들은 슘페터가 예시한 신상품 개발과 기존 상품의 품질 개선, 새로운 생산 방법의 발견, 새로운 시장의 개척, 새로운 원자재와 부품의 공급원 확보, 새로운 조직 운영을 적극적·능동적으로 수행하는 기업가정신을 발휘했다. 1990년대 중반 미국의 잉크매거진 편집장이 피터 드러커와의 인터뷰에서 "기업가정신은 당연히 미국이 세계 최고이지 않느냐?"라고 물었다. 드러커는 고개를 저으며 "그렇게 생각하는 것은 착각이다. 세계 최고는 누가 뭐래도 한국!"이라고 강조했었다. 한국의 경제발전 과정 속에서 어떤 기업가정신이 어떻게 발현되었는가는 제6장에서 확인할 수 있다.

예전에는 한국의 기업가정신이 세계 최고였다는데 지금은 어떠한가? 최근에 대한상공회의소에서 1,505명을 대상으로 '한미 자본시장에 대한 국민 인식 조사'를 실시한 결과, 응답자의 54.5%가 한국과 미국 자본시장 중 미국 시장을 더 선호한다고 했다. 국내 시장을 선호한다는 응답은 23.1%에 그쳤다. 미국 자본시장을 선호하는 이유로는 기업의 혁신성·수익성(27.2%)을 가장 많이 꼽았다. 그렇지 않아도 요즈음 핫이슈인 인공지능, 휴머노이드 로봇, 우주산업의 빅테크 기업 이야기는 온통 미국과 중국이다. 우리 기업은 존재감이 미약하다. 이러다가는 제4차 산업혁명 시대에 뒤처지지 않을까 우려된다. 더 늦기 전에 기업가정신을 재점화해야 한다. 그러자면 먼저, 기업가정신이 무엇에 의해서 결정되는지부터 살펴볼 필요가 있다. 바로 이 책의 마지막이다.

제7장은 기업가정신의 결정요인과 앞으로의 과제에 관한 내용을 담고 있다. 저자는 다른 조건이 같다면 기업가정신은 그 사회의 제도에 따라 결정된다는 사실을 흥미로운 예시로 설명한다. 예전에 미국 클린턴 행정부의 부통령이던 앨 고어가 독일을 방문해서는 '세계 최초의 금속활자는 한국에서 발명했으나 세계의 역사를 바꾼 것은 독일의 금속활자'라는 말을 했다고 전해진다. 발명은 특출난 천재가 있으면 어디서든 가능하다. 그러나 혁신의 기업가정신은 다르며, 자유로운 시장과 재산권이 안전하게 보장되는 제도하에서 활성화된다. '제도가 중요하다'는 이론을 대표하는 학자가 2024년 노벨 경제학상 수상자 애쓰모글루이다. 그는 『국가는 왜 실패하는가』에서 경제제도가 포용적일 때 능동적이고 창의적인 기업가정신이 꽃피울 수 있음을 역설한다. 지금까지 기업가정신이 개인의 인식·역량·태도의 차이 문제라고 생각했

다면, 제7장을 읽은 후 그 생각은 바뀔 것이다.

이 책은 이야기했듯이 전문서가 아니고 일반 독자를 위한 것으로, 가독성을 높이기 위해 문헌에 대한 자세한 주석을 달지 않는다는 공저자 간의 합의가 있었다. 대신 참고했던 문헌을 각 저자의 글 끝에 소개했다.

끝으로 어려운 출판 환경에도 불구하고 이 책의 출간 결정을 해주신 현암사 조미현 사장님께 깊이 감사드린다.

2025년 4월
저자 대표 황인학

우리가
잘 몰랐던

'기업가정신 경제학' 이야기

황인학

연세대학교 경제학과 졸업
미국 워싱턴 대학교 경제학박사
한국경제연구원 선임연구위원
전국경제인연합회 경제·산업본부장 역임
한국준법진흥원 원장 역임
현 국민대학교 경상대학 겸임교수

1

기업가정신 담론의 21세기 유행과 배경

바야흐로 기업가정신 담론의 르네상스 시대이다. 다만 오해는 하지 말자. 지금의 기업가정신이 역사상 그 어느 때보다 왕성하다는 얘기가 아니다. 물론, 미국 안에서는 지금의 시기를 제2의 도금 시대(Gilded Age)로 부르는 이도 있을 만큼 첨단기술과 플랫폼 서비스 산업의 혁신과 성장을 주도하는 빅테크 기업가들의 활약이 대단하다. 이른바 '매그니피센트 7' 기업으로 불리는 애플, 마이크로소프트, 엔비디아, 아마존, 알파벳, 테슬라, 메타의 최근 시가총액을 모두 합하면 무려 17조 달러에 달한다. 이 수치는 우리나라 국내총생산(GDP)보다 9배 이상이나 많은 어마어마한 금액이다.

그럼에도 여기서 르네상스라 한 것은 세계적으로 기업가정신이 중요함을 강조하고 인용하는 빈도가 역사상 그 어느 때보다 높기 때문이다. 알다시피, 기업가정신은 앙트러프러너십(entrepreneurship)의 우리말 번역이다. 이 용어를 경제 분석에 처음 접목해서 사용한 사람은 프랑스 학자, 캉티용(Richard Cantillon, 1680~1734)이다. 이후 기업가정신에 관한 연구는 경제학계에서 간간이 이어져왔으나 아주 제한적이었고 세간의 이목을 끌지 못했다. 그러다가 비교적 최근에 와서야 마치 오랫동안 잠자고 있던 휴면 특허(sleeping patent)가 갑자기 대단한 가치와 효용이 있음이 알려지며 새삼스레 주목받듯이 기업가정신은 세계의 유행어가 되어 널리 회자(膾炙)되기 시작했다.

기업가정신이 21세기 유행어가 된 까닭은 무엇일까? 무슨 일이든 계기가 있기 마련이다. 돌이켜보면 2000년 3월, 유럽집행위원회(EC)가 채택한 '리스본 전략(Lisbon Strategy)'이 하나의 중요한 계기인 듯하다. 당시 유럽은 경기 침체의 극복 및 디지털 혁명의 주도권 확보라는 두 마리 토끼를 잡기 위한 비책이 필요했다. 이에 리스본 전략은 혁신의 기업가정신을 비책으로 제시하며 2010년까지 EU 회원국의 혁신 역량을 높이는 목표와 전략을 세웠다. 리스본 전략은 소기의 목표를 달성하지 못했다고 평가된다. 그러나 첫째, 기업가정신을 '주어진 외생 변수'가 아니라 정책적 '조작이 가능한 내생 변수'로 인식·접근했고 둘째, 기업가정신 제고를 국가 정책의 주요 어젠다로 삼는 선례를 개척함으로써 기업가정신 담론의 세계적 확산에 불을 지피는 역할을 톡톡히 했다.

리스본 전략 이후에도 유럽집행위원회는 기업가정신이 경제 재도약과 혁신의 필요조건이라는 굳건한 믿음 위에 EU 회원국의 기업가정신 생태계를 점검하고 업그레이드하기 위한 노력을 기울여 오고 있다. 2001년 이후 해마다 EU 회원국과 그 밖의 주요 국가를 대상으로 연구 및 혁신 성과를 비교·평가하고 그 결과를 「유럽혁신지수(EIS : European Innovation Scoreboard)」 보고서로 발표하는 것도 그러한 노력의 일환이다. 이처럼 기업가정신 담론의 확산에 EU의 리스본 전략이 변곡점 역할을 했다면, 카우프만(Kauffman) 재단이 주도한 '세계 기업가정신 주간(GEW : Global Entrepreneurship Week)' 행사는 기폭제 역할을 했다.

카우프만 재단은 제약회사 영업사원으로 일하다가 1인 제약회사를 만들고 대기업으로 성장시킨 카우프만(Ewing Marion Kauffman, 1916~1993)이 1966년에 미국 캔자스주 캔자스시티에 설립한 비영리 재단이다. 카우프만은 기업인(企業人)이자, 기업가(起業家)였다. 그는 기업가정신이 중요함을 누구보다 잘 알았기에 기업가정신의 교육, 연구, 확산에 특화한 재단을 설립했으며 1993년 타계 시에는 약 8억 달러의 재산을 더 출연하여 카우프만 재단을 기업가정신 분야의 최대 민간 재단으로 키웠다.

설립자의 유지를 받들어 미국 전역의 대학에 기업가정신 교육과정 도입을 지원하는 등의 사업을 펼친 카우프만 재단은 2007년, 미국을 넘어 전 세계에 기업가정신을 확산시킬 목적으로 '세계 기업가정신 네트워크(GEN : Global Entrepreneurship Network)'를 출범시켰다. GEN은 매해 11월 셋째 주에 세계 각국에서 동시다발적으로 열리는 GEW 행사를 주관한다. 이 행사가 처음 개척된 2008년에는 77개의 나라가 참여하였지만 지금은 참여하는 나라만 200여 개국에 이르는 거대한 행사로 발전하였다. 이만하면 모든 나라가 기업가정신의 육성·확산 및 생태계 조성에 경쟁적으로 나서고 있다고 해도 과언이 아닐 것이다.

우리나라도 예외가 아니다. 미국, EU보다는 늦었으나 기업가정신 담론이 빠르게 확산 중이다. 몇 가지 예를 들면 2011년 3월, 정부는 중소벤처기업부 산하에 '한국청년기업가정신재단'을 설립했다. 그 후 동 재단은 한국 GEW 행사를 주관하고 있다. 학계에서는 2020년 1월에 기업가정신학회를 설립하고 학회지를 내기 시작했다. 경제계는 대한상공회의소 최태원 회장의 주도하에 2023년 10월, '신기업가정신협의회'를 발족했다. 기획재정부도 발을 담기 시작했는데 2024년 10월에 열린 '경제교육관리위원회'에서 기업가정신 교과서를 제작하고 청소년에게 기업가정신 교육을 강화하겠다는 방침을 발표했다. 정부가 기업가정신 교과서를 제작한다니 그 안에 어떤 내용을 담을지 미리부터 궁금하다. 이러한 경향은 대학 교육 현장에서도 마찬가지이다. 기업가정신의 함양을 간판으로 내거는 대학이 생기는가 하면 '기업가정신 융합 전공', '현대 경영과 기업가정신', '창업과 기업가정신', '기업가정신 교육

전문가 양성 과정' 등등의 강좌가 속속 등장하고 있다.

소결하면, 기업가정신 담론의 유행은 비교적 최근의 21세기적 현상이다. 그 이유는 특별히 새로운 이론이나 증거를 발견했기 때문이 아니다. 전통적인 재정·금융정책으로는 저성장과 일자리 부족 문제를 해결할 수 없다는 인식에 더하여 3·4차 산업혁명 시대에 창의와 혁신의 기업가정신이 절실했기 때문이다. 새로운 지식의 발견보다는 인식의 전환과 실용적 기대의 확산이 주효했다.

그런데 그렇게 인식의 전환이 중요했다면 한 가지 짚고 넘어가야 하는 의문이 생긴다. 정계, 재계, 학계, 언론계 그리고 각종 미디어 및 교육 현장, 행사와 정책안 등 여기저기서 언급되는 기업가정신이 모두 같은 개념, 같은 의미일까? 혹시 글자와 발음은 같으나 뜻이 다른 동음이의어(homonym)처럼 사용되고 있지는 않은가? 용어의 오남용은 없을까? 어떤 일이든 초기 단계에서 개념의 이해와 소통에 문제가 있으면 그 뒤의 일이 어수선해지기 마련이다. 과연 나는, 우리는 기업가정신의 본질과 기능이 무엇이라고 알고 있는가?

2 기업가의 정체성 : 기업가(起業家)는 누구인가?

대다수 사람에게 기업가정신은 그리 낯설지 않은 단어이다. 적어도 한두 번은 혁신, 창조적 파괴, 불확실성하의 판단·결정, 역발상의 기회 발견, 창의적 모방 등의 기업가정신에 관한 이야기를 들어보았을 것이다. 그래서 기업가정신이 무엇인지 잘 안다고 믿고 말하는 사람이 의외로 많다. 그러나 기업가정신은 전문가 사이에서도 의미가 모호하고 한마디로 정의를 하기가 아주 까다로운 단어이다. 이춘우 교수의 논문 중에 「기업가(起業家)의 20가지 모습」이 있다. 제목만 보아도 기업가정신의 개념이 얼마나 다의적이며 모호한지를 짐작할 수 있다. 기업가정신에 대해 우리가 상식으로 여겨 왔던 것 또는 모름지기 그래야 한다고 생각한 것과 경제학 이론이 제시하는 논점 사이에는 적지 않은 괴리가 있을 수 있다. 잠시 이야기를 멈추고, 지금의 내가 기업가정신을 얼마나 그리고 어떻게 이해하고 있는지 몇 가지 질문으로 자가 진단을 해보자.

먼저, 기업가의 정체(identity)에 관한 질문이다. 앙트러프러너가 의미하는 기업가는 어떤 사람인가? 혹시 기업체를 창업하거나 소유 또는 경영하는 사람만이 기업가일 수 있다고 생각하는가? 기업 조직과 무관하거나 영리활동에 종사하는 경제인이 아니면 기업가일 수 없다고 보는가?

기업가정신이 의미하는 기업(起業)과 영리활동의 경제 조직을 의미하는 기업(企業)은 다른 개념이다. 그래서 서양의 용어인 앙트러프러너십을 동양에서 처음 번역할 때, 경제 조직의 기업(企業)과 구분하기 위해 '일으킬 기(起)'로 표현했다. 따라서 앙트러프러너십의 올바른 한자어 표기는 '企業家精神'이 아닌 '起業家情神'이다. 일상생활에서 한글과 한자를 혼용하다가 한글 전용이 보편화된 1990년대 이후부터 기업가(起業家)와 기업가(企業家)를 혼동하기 시작한 것으로 보인다. 그렇게 한 세대가 지난 지금에는 기업가(起業家)와 기업인(企業人)을 동의어로 오인하는 사람이 대다수이다. 그 결과, 기업가정신은 기업인(企業人)에 국한된 주제가 아님에도 불구하고 기업의 창업 및 경영의 문제로 보는, 의미 왜곡의 문제가 심각하다.

누가 기업가인지는 직업(occupation)이 아니라 기능(function)으로 판별해야 하는 문제이다. 이 말은 누구든 기업가정신의 본질적 기능을 수행하면 활동 분야나 조직 소속의 여부와 관계없이 앙트러프러너/기업가로 볼 수 있다는 의미이다. 따라서 누가 기업가인지를 가늠하려면 그에 앞서 기업가정신의 본질적 기능이 무엇인지부터 정해야 한다. 예를 들어 기업가정신의 요체를 혁신 또는 새로운 발견이라고 가정해 보자. 이 기준에서는 자기 책임 하에 제품, 공정, 사업 모델 등에서 혁신을 일으키거나 새로운 시장을 개척하는 기업인(企業人)은 당연히 앙트러프러너이다.

이뿐만이 아니다. 공공 분야에서 규제 또는 제도 혁신의 기회를 포착하고 개혁을 주도하는 사람도 앙트러프러너이다. 앙트러프러너는 시장 기업가만 있는 게 아니며, 이론적으로는 공공 기업가도 가능하다. 더 나아가면 새로운 지식, 새로운 아이디어로 세상을 바꾼 이도 앙트러프러너로 볼 수 있다. 지동설의 코페르니쿠스(Nicolaus Copernicus, 1473~1543), 만유인력을 발견한 뉴턴(Isaac Newton, 1643~1727), 진화론을 발견한 다윈(Charles Darwin, 1809~1882)도 위 기준의 기업가정신을 발휘한 사례이다.

위에서 기업가정신의 요체를 혁신 또는 새로운 발견이라고 가정했다. 이 가정은 100% 틀린 전제는 아니지만 충분하지 않으며 오해를 부추길 소지가 있다. 막대한 가치를 창출하거나 새로운 변화를 촉발하는 혁신은 기업가정신의 핵심이지만 그것이 전부는 아니다. 많은 사람들이 앙트러프러너/기업가의 정체성을 이야기할 때 혁신자(innovator)와 동일시하는 경향이 있다. 이는 편견이며, 오해이다. 기업가정신의 이론과 실무 양면에서 전문가를 자처하는 미국 뱁슨 대학(Babson College)의 아이젠버그(Daniel Isenberg) 교수는 기업가는 반드시 혁신자여야 한다고 보는 것은 잘못된 우화임을 강조한다. 혁신을 수반하지 않아도 기업가일 수 있다는 뜻이다. 심지어 그는 모방에 약간의 변형을 가미한 창의적 모방(minovation)도 기업가정신의 중요한 부분으로 본다.

만약에 지금까지 혁신을 기업가정신의 알파이며 오메가로 알았다면, 창조적 파괴의 혁신을 강조한 슘페터(Joseph Schumpeter, 1883~1950) 이론에 너무 익숙한 결과이다. 기업가정신의 경제학에 슘페터 이론만 있는 것은 아니다. 나중에 설명하겠지만 나이트(Frank Knight, 1885~1972)는 '불확실성하의 판단적 결정(judgemental decision making under uncertainty)'을 기업가정신의 요체로 본다. 조직을 관리 또는 경영하는 사람이라도 판단적 결정의 기능이 없으면 나이트 이론에서는 기업가로 보지 않는다. 한편, 커즈너(Israel Kirzner, 1930~)가 대표하는 오스트리아학파 이론에서는 '기회에의 기민성(alertness to opportunity)'을 강조한다. 여기서 기회란 세상에 아예 존재하지 않는, 모든 사람에게 전혀 새로운 기회가 아니다. 이미 세상에 존재하지만 다른 사람이 미처 인지하지 못한 기회를 의미한다.

커즈너 이론과 슘페터 이론은 무엇이 다른가? 예를 들어보자. 똑같은 상품이 두 지역에서 아주 다른 가격으로 거래되고 있다고 하자. 이런 사실을 발견한 누군가가 남보다 기민하게 움직여서 값싼 지역(시장)에서 상품을 사서 값비싼 시장에 되파는 차익거래 행위를 했다고 하자. 이러한 차익거래는 시장 경쟁의 일환이며 혁신을 수반하지 않는다. 따라서 차익거래자는 슘페터의 기업가에 속하지 않지만 커즈너 이론에서는 기업가에 속한다. 한편 아이젠버그는 남들과 다른 역발상으로 엄청난 가치를 만드는 사람을 기업가로 본다. 즉 남들이 쓸모없다, 불가능하다, 멍청하다고 하는 것에서 기회를 발견하고 실행에 옮겨 성과를 거두는 사람을 기업가로 본다.

소결하면, 기업인(企業人)만이 앙트러프러너/기업가(起業家)의 후보군이고 혁신의 기업가정신이 전부라고 여기는 것은 기업가정신 생태계에 한 종류의 나무만 있거나 또 그래야 한다고 여기는 것과 같다. 기업가정신의 생태계는 다양한 분야에서 여러 유형의 기업가들이 저마다 약진할 때 비로소 경쟁력이 있고 지속 발전이 가능할 것이다. 혹시라도 청소년 대상의 기업가정신 교육 과정에서 혁신 기반의 창업만 강조하고 있거나 또 그럴 계획이라면 재고해야 한다.

이 밖에도 기업가의 정체와 역할에 관한 논점은 다양하다. 한 가지 더 예를 들면, 기업가는 사회에 늘 긍정의 영향을 끼칠까? 기업가로 성공해서 본인은 복록을 누려도 사회에는 해로운 기업가정신이 있다고 말하면 형용모순(oxymoron)일까? 기업가정신을 처음 연구한 캉티용은 강도나 거지도 자기 하기 나름으로 기업가가 된다고 보았다. 캉티용 이론에서 기업가의 필요조건은 자기 고용(self employment)이다. 여기에 기업가의 충분조건까지 갖추었다고 가정하면 강도나 거지의 기업가정신이 사회적으로 바람직한가? 합리적 개인이 자신의 이익을 좇는 행위가 사회에 항상 좋은 결과를 빚지는 않는다. 이론적으로는 사회에 부정적 영향을 주는 나쁜 기업가도 얼마든 가능하다. 그래서 미국 경제학자 보몰(William Baumol, 1922~2017)은 생산적인 기업가정신뿐 아니라 비생산적, 파괴적 기업가정신에도 유의해야 한다고 말한다. 보몰 이론의 전략적·정책적 시사점은 무엇인가? 사회에 나쁜 기업가 또는 파괴적인 기업가정신의 구체적인 사례로는 어떤 것들이 있을까?

3 기업가정신은 현대판 마법사의 돌인가?

기업가정신은 귀에 익숙한 용어이지만 사실은 전문가 사이에도 개념이 모호하고 객관적인 측정은 더욱 어려운 주제이다. 21세기에 들어서며 기업가정신 담론이 유행하기 시작하자, 흔히 유행어가 그렇듯이 무분별하게 기업가정신이라는 말을 남발하는 경우가 생겨났다. 비판적으로 바꿔 표현하면, 기업가정신이란 용어와 개념이 종종 오남용되는 문제가 나타나기 시작한 것이다. 초기 단계에서 기초 개념의 이해가 부족·미흡하면, 기업가정신을 높이기 위해 아무리 의욕적인 노력을 한들 소기의 성과를 거두기 어렵다. 기업가정신을 경제 재도약과 일자리 창출의 해법으로 믿고 여러 사업을 벌이고 많은 예산을 썼음에도 기대했던 성과를 얻지 못했다면 기초 개념의 이해 미흡을 의심해 볼만하다. 영국의 경제주간지 『이코노미스트』에서도 대략 십여 년 전에 이 문제를 따갑게 지적한 바 있다. 그 내용의 일부를 의역해서 소개하면 다음과 같다.

> 최근에 많은 나라들이 기업가정신을 경제성장과 일자리 창출에 신비한 효험이 있는, 현대판 '현자의 돌(philosopher's stone)'처럼 여기고 있다. ……(중략)…… 기업가정신의 본질은 무엇인가? 기업가정신을 높이려면 정부는 무엇을 어떻게 해야 하는가? 이 질문에 전문가도 모순되는 말을 한다. ……(중략)…… 혼란스럽기는 정책결정자도 마찬가지이다. 어떤 정책가는 기업가정신을 신기술에 관한 문제로 보아 미국의 실리콘밸리와 같은 첨단기술 산업단지를 만들려고 애쓴다. 또 어떤 정책가는 기업가정신을 소규모 기업의 문제로 인식해서 벤처기업 창업과 육성에 진력한다. 그러나 두 가정 모두 옳지 않다.
>
> ……(중략)……
>
> 기업가정신을 잘못 아는 것이 엉터리 정책, 정책 실패의 원인이다. 하이테크 산업단지 실패 사례는 세계 각처에서 찾아볼 수 있다. 예컨대 말레이시아 바이오테크밸리는 '바이오유령 밸리(BioGhost valley)'로 더 유명해졌다. 또한 여러 나라에서 중소기업 행정부처가 주도한 일자리 창출 정책은 실패로 끝난 경우가 부지기수이다. 미국 카우프만 재단의 연구에 따르면, 새로운 일자리의 대부분은 (중소기업이 아니라) 숫자는 적어도 빠른 속도로 성

장하는 회사들에 의해서 만들어진다.

위 인용문에서 '현자의 돌'은 중세 유럽에서 일반 금속 물질을 금으로 변환시키는 효험이 있다고 믿고 연금술사들이 오매불망 찾아 헤맸던 전설 속의 돌이다. 이 돌은 조앤 롤링의 판타지 소설, '해리 포터와 마법사의 돌'에서 모티브로 사용되기도 했다. 어쨌든 위 칼럼의 내용은 연금술사가 금을 만들기 위해 마법의 돌에 기댔던 만큼이나 지금의 정치인, 관료들도 경제성장과 일자리 창출을 위해 기업가정신의 마법에 의존한다는 것이다. 그리고 과거의 연금술사들이 그랬던 것처럼 지금의 정책결정자들도 기업가정신의 개념과 본질에 무지한 문제점을 지적한다. 그들이 정치적으로 선호하는 기술과 (중)소기업을 기업가정신의 핵심인 양 혼동하고, 또 이와 별도로 기업가정신이 그들에게 달갑지만은 않은 결과를 수반하는 사실을 모르거나 모르는 척 일부러 외면한다는 것이다. 그런데 더 근본적인 문제는, 정치인과 관료들이 기업가정신이 초래하는 불편한 진실을 수용하지 않으면 그들이 기대하는 만큼의 충분한 기업가정신의 발현은 불가능하다며, 위 칼럼은 다음의 결론을 내린다.

기업가는 불평등 위에 번성한다. 미국의 기업가들은 엄청난 부를 창출했으나 미국을 더 불평등하게 만들었다. 또한 기업가는 파괴 위에 번성한다. 파괴는 승자뿐 아니라 패자를 양산한다.

슘페터에 따르면 경제발전은 규칙을 깨트리는 기업가들이 주도하며, 따라서 경제발전은 조금씩의 점진적인 변화가 아니라 파열과 도약의 형태로 진행된다. 만약에 슘페터의 파열은 없이 성장과 일자리의 축복만을 누릴 수 있다면 생각만 해도 얼마나 좋은가. 그러나 안타깝게도 그런 생각이야말로 정말로 쓸모없고 불가능하며, 어리석을 뿐이다.

슘페터 이론이 강조하는 창조적 파괴를 수반하는 혁신이 기업가정신의 전부는 아니다. 그럼에도 위 칼럼에서처럼 슘페터 이론에 국한해 볼 때, 정치인과 관료들이 정치적 지지 또는 정치적 부담 때문에 혁신의 '창조' 기능만 수용하고 '파괴' 기능을 거부하면 창조적 파괴의 기업가정신이 태동하기 어렵다. 실제 이런 사례는 적지 않다. 2020년의 이른바 '타다 금지법'이 그 대표적인 경우다. 차량호출 서비스의 일종인 '타다'는 그리 대단한 혁신이 아님에도 불구하고 정부와 정치권은 이익집단인 택시 단체의 요구에 영합해서 '타다' 서비스를 사실상 금지하는 조치를 했다.

비슷한 사례로 다른 나라에서는 이용이 가능한 우버 서비스가 우리나라에는 없다. 이는 기술, 자본, 기업가의 역량이 부족해서가 아니라 못하게 막은 규제 때문이다. 그래서 일부 경제학자는 경제제도를 기업가정신 발현의 가장 중요한 변수로 본다. 대표적 학자로는 1993년 노벨상 수상자 노스(Douglas North, 1920~2015), 2024년 노벨상 수상자 애쓰모글루(Daron Acemoglu, 1967~)가 있다. 경쟁국보다 불리한 제도를 방치한 채, 그리고 이익집단-정치권-규제당국이 삼각 철옹성을 쌓고 기득권을 위한 규제 법령을 계속 신설·강화하는 나라일수록 기업가정신은 위축되기 마련이다. 우리나라의 경제제도는 얼마나 경쟁력이 있는가?

4 한국의 기업가정신, 세계 9위인가? 29위인가?

한국의 기업가정신은 세계적으로 어느 수준일까? 질문은 간단하고 명료하다. 그런데 대답을 하자면 복잡하고 어렵다. 경제력 순위나 국민소득이 세계적으로 어느 수준인지 묻는다면 국내총생산(GDP)이나 국민총소득(GNI) 통계로 대답할 수 있다. 여기에 각 나라의 물가수준을 고려하여 구매력 기준의 1인당 실질 GNI를 측정하면 국가 간 소득수준도 비교할 수 있다. 그러나 기업가정신은 다의적이며 조작적 정의가 쉽지 않을 뿐 아니라 객관적 측정은 더욱 곤란하다. GDP나 GNI는 완벽하지 않아도 학계가 인정하고 정책 실무에서 널리 활용되는 반면, 기업가정신을 단일 지표로 측정·평가하기는 어렵다는 한계가 있다.

그럼에도 기업가정신은 경제성장과 일자리 창출의 원천인 만큼 기업가정신의 현재 상황을 파악하고 상대적 위치를 비교하려는 노력은 계속될 수밖에 없다. 경영학에서는 '측정할 수 없다면 관리할 수 없고, 관리할 수 없으면 개선할 수도 없다'는 격언까지 만들어 측정이 중요함을 강조하고 있다. 흔히 이 격언은 경영학의 아버지이며 기업가정신의 전도사로 불리는 드러커(Peter Drucker, 1909~2005)가 했던 말로 인용된다. 그러나 '드러커가 그렇게 말했다'는 식의 인용은 마태 효과의 오류이거나 호가호위(狐假虎威)일 가능성이 높다. 그 이유는 무엇보다도 드러커 연구소(Drucker Institute)에서 그런 사실이 없다고 확인했기 때문이다. 그리고 세상에 중요한 일이 모두 측정이 가능한 것은 아니라는 점, 또 측정이 가능하다고 해서 모두 중요한 것이 아니라는 사실을 드러커가 간과했을 리가 없기 때문이다.

기업가정신 지수의 실제 측정 사례를 보자. 다행히(?) 기업가정신의 다의성에서 연유하는 객관적 지수 측정의 어려움을 극명하게 보여준, 우리나라의 최근 사례가 있다. 2021년 중소벤처기업부는 '기업가에게 위기는 기회, 한국 기업가정신 지수 세계 9위로 껑충'이란 제목으로 보도자료를 냈다. "글로벌 기업가정신연구협회(GERA : Global Entrepreneurship Research Association)에서 발표한 '2020년 글로벌 기업가정신 모니터(GEM : Global Entrepreneurship Monitor)'에 따르면 우리나라의 기업가정신 지수는 44개국 중 9위로 전년 대비 6계단 상승한 것으로 나타났다."는 내용이다.

이 자료에서 인용한 2020년 GEM 보고서의 국가별 기업가정신 지수의 값과 순위를 정리한 내용이 [표1]이다.

[표1] GEM 보고서 : 2019~2020년 국가별 기업가정신 지수(NECI) 순위

순위	국가	'19년 지수
1	스위스	6.05
2	네덜란드	6.04
3	카타르	5.91
4	중국	5.89
5	아랍에미리트	5.84
6	인도	5.80
7	대만	5.73
8	인도네시아	5.69
9	노르웨이	5.52
10	미국	5.31
11	스페인	5.24
12	요르단	5.24
13	룩셈부르크	5.17
14	캐나다	5.16
15	대한민국	5.13
.	.	.
21	영국	4.83
.	.	.
24	일본	4.71
.	.	.
53	푸에르토리코	3.18
54	이란	3.15
GEM 평균 4.63		

순위	국가	'20년 지수
1	인도네시아	6.39
2	네덜란드	6.34
3	대만	6.06
4	인도	6.03
5	아랍에미리트	6.02
6	노르웨이	5.74
7	사우디아라비아	5.69
8	카타르	5.67
9	대한민국	5.49
10	스위스	5.39
11	이스라엘	5.33
12	미국	5.15
13	오만	5.10
14	영국	5.05
15	룩셈부르크	5.02
16	독일	4.93
17	우루과이	4.88
.	.	.
.	.	.
42	푸에르토리코	3.58
43	부르키나파소	3.43
44	앙골라	3.31
GEM 평균 4.69		

자료 : 중소벤처기업부 보도자료, 2021.5.6.

[표 1]을 보면, 2020년 GEM 기업가정신 지수의 세계 1위는 인도네시아이다. 인도네시아는 2019년 8위에서 일곱 단계나 대폭 상승했고, 같은 기간에 스위스는 1위에서 10위로 아홉 단계나 대폭 하락했다. 우리나라는 9위로 그 전보다 여섯 단계나 크게 상승했는데 독일(16위), 영국(14위), 더 나아가 미국(12위)을 앞선다고 하니 놀랍고 반가운 소식이 아닐 수 없다. 참고로 GEM은 1999년에 미국 뱁슨 대학과 런던 경영대학이 함께 시작한 국제 연구 프로젝트이며, GERA는 GEM 보고서를 해마다 발간하는 글로벌 연구단체이다. 현재 GEM에 참여하는 나라는 50개국 안팎이다. 우리나라에서는 중소벤처기업부 산하의 창업진흥원이 GEM 파트너 기관으로 참여하고 있다.

중소벤처기업부에서 보도자료를 내고 약 2개월이 지난 뒤의 7월 1일, 전국경제인연합회(지금의 한경협)에서도 보도자료를 발표했다. 기업가정신 지수를 국제 비교한 결과로, 그 요지는 '2019년 한국 기업가정신 지수는 OECD 37개 회원국 중에 27위로 하위권'에 머물고 있다는 내용이다. 전경련이 조사 발표한 OECD 37개국의 기업가정신 지수의 값과 국가 순위는 [표 2]에 요약했다. 여기에서 기업가정신 지수 1위는 스위스이다. 미국은 4위, 독일은 10위, 영국은 16위, 프랑스는 24위, 일본은 26위 그리고 한국은 27위이다. 중소벤처기업부가 GEM 보고서를 인용하여 발표한 순위와는 사뭇 다른 결과이다. 이처럼 기업가정신이라는 동일한 사안에 대하여 지수로 측정, 비교한 결과가 크게 다른 이유는 무엇인가? 여러분은 [표1]과 [표2]의 어느 쪽이 우리나라 기업가정신의 상대적 위치 및 각국의 순위가 더 잘 반영되었다고 보는가?

[표 2] 전경련 : OECD 회원국의 기업가정신 지수(2019년 기준)

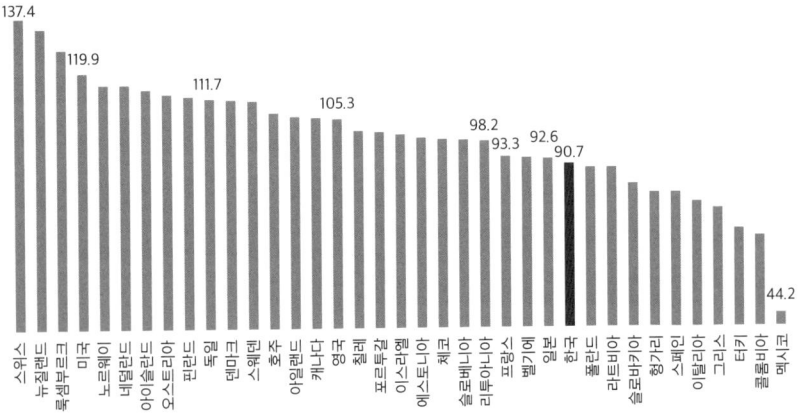

자료 : 전국경제인연합회 보도자료, 2021.7.1.

다시 보아도 세계 9위와 27위는 현격한 차이가 난다. 다만 [표1]과 [표2]의 순위가 다르다고 해서 어느 한쪽은 옳고 다른 쪽은 틀렸다고 단언할 수는 없다. 이처럼 결과가 다른 이유는 기업가정신이 다의적인 개념이고, 두 기관의 기업가정신을 보는 관점과 지수의 구성 그리고 측정방법이 다르기 때문이다.

먼저 정부가 인용한 GEM 지수는 창업 초기 단계의 기업가적 활동에 초점을 두고 있다. GEM은 1999년 이후로 참여국의 파트너 기관을 통해 일반인 대상으로 창업에 관한 인식·태도·활동 등을 조사(APS)한 다음 국가별 지수를 만들어 해마다 순위를 발표하고 있다. 그러다가 2014년부터는 국가별로 소수의 전문가 대상으로 창업생태계에 관한 설문조사(NES)를 추가했다. 정부가 자랑스레 인용한 GEM 보고서는 후자와 관련이 있다. 즉, [표1]은 각국에서 분야별로 소수의 전문가가 주관적으로 평가한 결과를 종합한 일종의 창업환경지수(NECI : National Entrepreneurial Context Index)라고 할 수 있으며 자칫하면 평가자의 눈높이 또는 기대치에 따라 국가별 점수가 들쑥날쑥해지는 한계가 있다.

이에 비해 [표2]의 지수는 기업의 창업 외에 성장에 초점을 맞추고, 이에 영향을 주는 경제제도와 정부 통계 기반의 창업률과 성장률 지표를 결합하여 만든다. 구체적으로 전경련 지수는 ① 사회 인식 : 기업가 직업 선호와 기업가 평판, ② 제도 환경 : 경제제도와 법의 지배, ③ 기업활동 : 인구 10만 명당 사업체 수(창업 지표)와 대기업 비중(성장 지표)의 총 3개 부문, 6개 항목으로 구성된다. 따라서 [표1]과 [표2]의 제목만 보면 둘 다 국민경제 전체의 기업가정신(起業家精神)을 대표한 것으로 오해할 소지가 다분하다. 엄밀하게 보면, [표1]은 설문조사 기반의 창업환경평가 지수이다. 그리고 [표2]는 기업의 창업과 성장에 초점을 맞춘,

일종의 기업가정신(企業家精神) 지수이다.

　소결하면, [표 1]과 [표 2]의 '비슷한 제목, 판이한 결과'는 기업가정신이 얼마나 다의적이고 모호한 개념인지를 극명하게 보여준다. 이 때문에 기업가정신 담론은 자칫하면 '장님 코끼리 만지는 격'이 될 수 있다. 이러한 문제를 피하려면 누구든 기업가정신을 이야기할 때는 그 개념, 본질 등에 대해 다양한 논점이 있음을 충분히 이해하고, 본인의 관점부터 먼저 설명하면 나을 것이다.

5. 경제학 교과서, 덴마크 왕자가 빠진 햄릿

기업가정신이 경제성장의 원천이라고 하지만 캠퍼스 경제학 교과서에는 기업가정신 이야기가 없다. 이 말에 오해가 없어야 한다. 기업가 또는 기업가정신에 관한 경제학 이론이 없다는 말이 아니다. 오히려 일반인도 알게 모르게 인용하는, 적어도 세 갈래의 이론이 정립되어 있다. 나이트(불확실성하의 판단적 결정), 슘페터(창조적 파괴의 혁신), 커즈너(기회에의 기민성)의 기업가 이론으로 자세한 내용은 다음 절에서 설명한다. 여기서 말하려는 바는 그처럼 멋진 이론들을 캠퍼스 경제학 또는 칠판 경제학은 외면하고 있다는 사실이다. 그래서 경제학을 전공하고, 경제학 석사와 박사 학위를 받은 사람조차 기업가정신 이론을 제대로 접해 보지 못하고 졸업하는 경우가 대다수이다.

경세제민(經世濟民)의 학문인 경제학이 경제성장의 진정한 원천을 외면하는, 이 역설적 현상은 무엇 때문인가? 누구는 조작적 정의(operational definition)가 어려운, 기업가정신의 모호성 때문이라고 한다. 그러나 그보다 근본적인 이유는, 주류경제학의 이론 체계에서는 앙트러프러너 의미의 기업가 역할이 필요하지 않기 때문이다. 도대체 무슨 말인가? 기업은 시장과 더불어 경제학 연구의 핵심 분야인데 기업가 역할은 필요 없다는 게 말이 되는가? 기업가(起業家)와 기업인(企業人)이 서로 다르다고 해도 불확실성 하의 판단·결정, 혁신, 기회에의 기민성 등의 역할과 기능은 기업 조직에 잘 어울리고 필요한 특성이 아닌가? 경제학은 250년 전 태동 당시부터 국민경제의 파이 키우기에 관심이 컸고, 기업가정신이 경제성장의 원동력이라고 하면서 캠퍼스 경제학에서 기업가정신 이론을 외면하고 있다는 것은 이상하지 않은가?

경제학을 잘 몰라도 위 의문은 당연하다. 복잡한 설명 대신에 여기서는 캠퍼스 경제학에 기업가 또는 기업인의 역할이 없다는 말이 사실인지를 확인하고, 그 이유를 간략히 언급한다. 캠퍼스 경제학은 예나 지금이나 이른바 신고전학파 전통에 기초한 이론이 주류이다. 주류경제학에서 기업은 수학적으로 미분이 가능한 생산함수로 모형화된다. 이에 대해서 기업의 본질을 처음으로 진지하게 연구했던 코스(Ronald Coase, 1910~2013)는 1991년 노벨상 수상 연설에서 "(캠퍼스 경제학의) 생산함수 모형에서 기업은 이름만 있고 실체적 내용이 없으며 기업가의 역할도 없다."라고 말한 바 있다.

예를 들어보자. 경제학을 공부했다면 한 번쯤은 기업의 이윤 극대화를 위한 생산량을 구하는 문제를 풀어보았을 것이다. 여러분이 기업 경영자라면 이윤을 극대화하기 위해 얼마만큼 생산하겠는지를 묻는 문제이다. 이 문제를 풀 때 우리는 이윤 극대화를 위한 합리적 결정에 필요한 모든 데이터를 알고 있다고 가정한다. 그래서 문제를 푸는 동안은 기업 경영자가 되어 미분 수학을 이용해서 최적의 생산량을 그저 계산해 내기만 하면 된다. 그런데 이런 계산은 기업가 본연의 기능, 즉 기업가정신과 무관하다. 경영이 단지 이런 계산의 문제라면 고액 연봉에 스톡옵션까지 요구하는 전문경영인보다는 경제학 교수나 인공지능(AI)에 맡기면 된다. 그래서 생산함수 기반의 기업 이론에서는 기업은 허울뿐이며 기업가와 기업가정신은 필요가 없다. 단지 계산하는 기계만 있으면 이윤 극대화 의사결정에 충분하다!

이처럼 기업가와 기업가정신의 역할을 외면하는 주류경제학의 태도와 전통에 대해 슘페터는 유명한 비유를 남긴 바 있다. 그의 저서 『자본주의, 사회주의, 민주주의』(1942)에서 기업가의 역할 또는 기업가정신이 빠진 경제학 이론을 '햄릿에서 덴마크 왕자가 빠진 것(Hamlet without the Prince of Denmark)'이라고 했다. 알다시피 햄릿은 셰익스피어의 4대 비극 중에서 가장 먼저 집필된 희곡으로, 주인공인 햄릿이 덴마크 왕자이다. 슘페터는 경제성장의 원천인 기업가정신을 외면한 채 경제성장을 말하는 주류경제학을 햄릿 연극에서 햄릿이 빠진 격에 비유한 것이다. 팥소가 없는 팥빵이라니……, 이만저만한 혹평이 아닐 수 없다.

슘페터 비판은 벌써 80년 전의 일이다. 그 후 경제학 교과서에 변화가 있었을까? 이와 관련하여 공공선택 이론의 개척자이며 1986년 노벨 경제학상을 받은 뷰캐넌(James Buchanan, 1919~2013)은 『경제학자는 무엇을 해야 하는가?』에서 다음과 같이 평가한다.

> 배우 없는 연극은 없다. 경제학자들은 이 자명한 원리를 간과해 왔다. 모든 사람이 주어진 자극에 수동적으로 반응하고 모두가 가격 순응자인 세계에서 가격을 누가 정하는가? 수동적 반응이 합리적 행동이라면 변화가 어떻게 가능한가? 경제가 작동하는 원리를 알려면 기업가정신의 역할이 중요하다. 그러나 경제학 연구는 이를 방치해 왔다는 것이 내가 얻은 결론이다.

슘페터 비평 이후에도 기업가정신은 경제학 연구에서 여전히 소외되고 있었다는 말이다.

21세기에 접어들 무렵, 정책 현장에서부터 기업가정신 담론이 확산되었다. 그러자 학계에서도 기업가정신을 재조명하는 조짐이 일기 시작한다. 그때쯤 스웨덴 경제학자 요한손(Dan Johansson, 1964~)은 대학원에서 많이 사용하는 교과서 18종을 선정, 기업가정신 또는 그에 관한 용어가 얼마만큼 언급되는지를 조사했다. 조사한 전공 분야는 미시경제학, 거시경제학, 산업조직론, 경제성장론 등 다양하다. 이들 교과서에서 기업가(entrepreneur), 혁신(innovation), 발명(invention), 제한 합리성(bounded rationality), 암묵지(tacit knowledge) 용어의 사용례를 조사한 결과의 일부는 [표3]과 같다. 이를 보면, 18종의 교과서 중에 기업가는 단 두 종에서 딱 한 차례씩 언급되었을 뿐이다. 그나마 하나는 기업가의 원래 의미와 무관하게 심상하게 언급된 경우이다. 이에 요한손은 기업가정신을 다룬 교과서는 없다고 결론을 내린다. 다만 혁신은 산업조직론, 경제성장론 교과서 일부에서 심심치 않게 언급된 것으로 나타났다.

[표 3] 경제학 교과서에서 기업가정신 관련 용어 사용례

경제학 저서 / 저자	지식 및 발견 아이디어				
	기업가	혁신	발명	제한 합리성	암묵지
경제성장론(2004) Barro & Sala-i-Martin	0	9	0	0	0
거시경제론(1989) Blanchard & Fischer	0	0	0	0	0
생산분석론(1988) Chambers	0	0	0	0	0
게임이론 입문(1992) Gibbons	0	0	0	0	0
인센티브 이론(2002) Laffont & Martimort	0	0	0	1	0

고급 거시경제학(2001) Romer	1	0	0	0	0
거시경제학 이론(1987) Sargent	0	0	0	0	0
산업조직론 핸드북(1989) Schmalensee & Willig	0	60	3	0	0
산업조직론(1989) Tirole	0	16	0	0	0
미시경제 분석(1982) Varian	0	0	0	0	0
18종 교과서 총합	2	86	0	4	0

자료 : 요한손(Dan Johansson, 2004)에서 발췌 인용.

요한손의 2004년 연구 이후 또다시 많은 세월이 흘렀다. 지금은 기업가정신 담론이 넘쳐나는 시대이다. 이 주제에 일찍부터 관심을 기울여왔던 유럽집행위원회는 물론이고 작금에는 경제협력개발기구(OECD)와 세계은행까지 가세해서 각국의 기업가정신 자료를 수집, 분석하느라 열심이다. 그러면 요즈음 교과서는 달라졌을까? 요한손도 최근 동향이 궁금했던지 미국과 스웨덴의 주요 대학의 경제학과 박사과정에서 사용하는 교과서들을 다시 조사해 보았다. 2017년, 요한손이 살펴본 결과, 2004년 당시와 달리 일부 소수의 교과서에서 기업가를 언급한 사례가 나타났다. 그러나 기업가의 개념에 대한 이론적 정의 없이 용어만 심상하게 사용한 예가 대부분이었다. 또한 기업가정신을 언급한 소수의 교과서에서도 기업가정신의 본질에 관한 다양한 이론과 논점을 설명한 사례는 거의 없었다. 이에 요한손은 요즈음에도 여전히 경제학 박사과정에서 공부하는 학생들이 기업가의 역할에 관하여 유의미한 이론에 접할 기회는 거의 없다고 결론을 내린다.

한국의 캠퍼스 경제학 교과서는 어떨까? 필자가 교과서 3종-경제학원론(2021), 미시경제학(2024), 산업조직론(2021)-을 선정해서 기업가 관련 용어를 직접 검색해 보았다. 그 결과, 기업가정신 용어는 이들 3종의 교과서 어디에서도 소개는 물론이고 언급조차 없었다. 기업가라는 용어도 경제학원론과 미시경제학에서는 찾아볼 수 없었다. 다만 유일하게 산업조직론 교과서에서 "새로운 기업활동을 시작하는 기업가는 여러 형태의 위험을 감수해야만 한다." 등으로 몇 차례 언급한 사례가 있었다. 그러나 기업가의 정체성과 역할 또는 기능에 관한 이론은 전혀 보이지 않았다. 기업의 이윤이 발생하는 이유 중의 하나로 위험 감수의 대가를 거론하면서 기업가를 언급했을 뿐, 기업가 이론을 소개 또는 설명한 것은 아니었다.

소결하면, 기업가정신 담론은 18세기 캉티용 이후의 긴 역사와 최근의 르네상스에도 불구하고 캠퍼스 경제학에서는 여전히 외면 중이다. 경제학 이론의 태동과 진화과정, 즉 경제학설사 관점에서 볼 때 기업가정신 담론의 역사적 이력은 독특하다. 햄릿에서 덴마크 왕자가 빠진 격에 비유되거나, 기업은 허울뿐이고 실체적 내용이 없다는 비판에도 불구하고 캠퍼스 경제학은 과거의 연장선에서 굳건하게 변화가 없다. 이제는 기업가정신 이론과 논점을 담는 방향으로 바뀌어야 한다. 개인의 발전과 국민경제의 성장을 위해 기업가정신이 중요하고, '현대판 마법사의 돌'에 비유될 만큼 기업가정신의 사회적 니즈와 기대가 대폭 높아졌음에도 캠퍼스 경제학이 역사적 경로의존성에 갇혀 있는 것은 문제이다. 바야흐로 좀 바뀌어야 할 때이다.

6 교과서에 없는
'기업가정신 경제학' 이야기

　캠퍼스 경제학에는 기업가정신 담론이 없다. 그렇다고 해서 경제학에 기업가정신 이론이 없는 것은 아니다. 앞에서 언급했듯이 적어도 세 갈래의 기업가정신 이론이 잘 정립되어 있다. 신고전파 전통의 나이트 이론(불확실성하의 판단적 결정), 독일계 전통의 슘페터 이론(창조적 파괴의 혁신) 그리고 오스트리아학파의 커즈너 이론(기회에의 기민성)이 그것이다. 이 중에 어느 것이 가장 마음에 와닿을까? 세 이론은 서로 경합하는 관계에 있지만 상호 배제하지는 않는다. 경합적이지만 상호 배제적이지 않다는 말에 유의하면서 각 이론을 하나씩 짚어보자.

1) 신고전파 전통의 나이트 이론
: 불확실성하의 판단적 결정

첫 번째로 나이트 이론은 위험(risk)과 불확실성(uncertainty)의 개념을 처음으로 구분한 것으로 유명하다. 먼저 배경부터 보면, 기업을 생산함수로 모형화하고 완전경쟁을 이상적 상태로 간주하는 신고전파 경제학은 기업의 존재와 이윤이 발생하는 이유를 설명하기 어렵다는 비판을 받아 왔다. 완전경쟁이 균형에 이르면, 가격은 한계비용과 일치하고 자원은 파레토 최적으로 배분된다. 이윤이 생겼다는 것은 가격이 한계비용보다 높다는 뜻이다. 나이트 이전의 경제학 이론에서 이런 경우는, 대기업이 독점력을 행사하거나 시장이 불균형 상태일 때만 가능하다. 그래서 이윤의 발생은 신고전파 이론에서 볼 때 시장 실패의 증거와 마찬가지였다. 질문을 하나 해보자. 미국의 빅테크, 애플이 2008년에 스마트폰을 처음으로 개발, 시판해서 많은 돈[이윤]을 벌고 있다면 그 이유가 오로지 시장 실패 때문인가? 이처럼 신고전파 경제학 이론은 이윤의 본질을 객관적으로 설명할 수 없다는 한계로 비판에 직면하고 고민에 빠졌다.

이에 1921년, 나이트는 신고전파 경제학 모형 내에서 이윤이 생기는 이유를 설명하기 위해 위험(risk)과 불확실성(uncertainty)을 구분하고, 기업가를 불확실성하에서 판단적 결정(judgemental decision-making under uncertainty)을 하는 사람으로 보았다. 여기서 위험이란 사건 발생의 확률을 알 수 있는 경우이며, 확률 분포를 알기 때문에 대수의 법칙을 적용한다면 보험을 통해 위험을 경감 또는 회피할 수도 있다. 반면에 불확실성은 사건 발생의 개연성이나 확률을 사전에 알 수 없는 경우이며, 원칙적으로는 보험이 성립하지 않는다. 단순하게 비교하면 위험은 측정 가능한 불확실성, 불확실성은 측정이 불가능한 위험이라고 할 수 있다. 참고로 최근에 많은 기업들이 국제표준화기구(ISO)에서 제정한 국제표준의 일종인 '리스크 관리 지침(ISO 31000 : 2018)'을 경쟁적으로 도입, 운용하고 있는데 이 지침에서는 위험을 '불확실성이 목표에 미치는 영향'으로 정의한다.

나이트는 이러한 구분을 토대로 경영과 기업가정신을 다른 기능으로 보았다. 나이트 이전에, 신고전파 경제학의 태두였던 마셜(Alfred Marshall, 1842~1924)은 기업에서 생산 조직을 담당하는 사람을 감독자 또는 경영자라 하고 이들을 기업가라고 했다. 그러나 나이트는 직책이 경영자 또는 감독자라고 해서 그 사람을 앙트러프러너/기업가로 자동 인정하지 않는다. 불확실성하에 자기 책임이 따르는 판단적 결정을 하는 사람만이 기업가이다. 달리 말하면, 나이트 이론에서도 기업가의 정체성은 직업이 아니라 기능으로 결정된다. 그리고 나이트 이론에서 이윤은 시장 실패의 결과가 아니라 기업가적 판단·결정에 대한 보상으로 설명된다.

2) 독일계 전통의 슘페터 이론
: 창조적 파괴를 수반하는 혁신

두 번째는 일반인 사이에서도 인용 빈도가 높은 슘페터 이론이다. 슘페터는 창조적 파괴를 수반하는 혁신의 기업가정신을 강조한다. 슘페터 이론의 요지를 그의 1942년도 저서 『자본주의, 사회주의, 민주주의』에서 직접 인용하면 다음과 같다.

> 자본주의는 그 성질상 …… 정태적인 적이 없으며 그렇게 될 수도 없다. …… 자본주의 엔진을 작동시키고 유지하는 근본적인 충동은 새로운 소비 물품, 새로운 생산이나 수송방법. 새로운 시장, 기업이 창조하는 새로운 형태의 산업 조직 등에서 나온다. 이 과정은 내부로부터 경제구조를 혁명적으로 꾸준히 변화시키면서 낡은 것을 파괴하고 새로운 것을 창조한다. 바로 이 창조적 파괴의 과정이 자본주의의 핵심이다. 이것이 자본주의의 본질이고 모든 회사가 명심해야 할 사항이다.

슘페터가 예시한 혁신의 유형은 ① 신제품 개발[제품 혁신], ② 새로운 생산방식 도입[공정 혁신], ③ 신시장 개척, ④ 새로운 원료와 부품의 공급, ⑤ 새로운 조직의 형성, ⑥ 노동생산성 향상의 여섯 가지로 정리할 수 있다. 또한 그는 기업가정신을 간과 또는 외면하는 경제학 이론을 '햄릿 연극에서 덴마크 왕자가 빠진 격'에 비유했다고 앞서 이야기했는데 그 문장을 인용하면 다음과 같다.

> 경제학자는 대부분이 생산방법과 산업 조직 형태 등의 조건이 변하지 않는다고 가정하고 경쟁을 분석한다. 그러나 교과서와 달리 자본주의의 엄중한 현실은 다른 조건이 일정하다는 '세테리스 파리부스(ceteris paribus)' 상태에서의 단순한 가격 경쟁이 아니라 신상품, 신기술, 새로운 공급 원천, 새로운 조직(가령 대규모 통제단위) 등에서 비롯되는 경쟁이다. 이런 경쟁은 단순히 기존 기업들의 이윤이나 생산량에 영향을 주는 것에 그치지 않고 그들의 생존 자체를 위협하는, 비용과 품질 측면에서 결정적인 우위를 판가름하는 경쟁이다. …… 이론가들은 구체적 사례의 교훈과는 정반대되는 생각을 하고 있다. …… 이런 본질적인 요소를 무시하는 이론 구조는 가장 전형적인 자본주의의 특징을 무시하는 것이다. 사실이나 논리에 있어서는 정확할지 모르나 덴마크 왕자가 등장하지 않는 햄릿과 같다.

슘페터 이론과 나이트 이론은 최소한 두 가지 면에서 차이점이 있다. 첫째, 기업가정신의 본질에 관하여 나이트는 불확실성하의 판단·결정을, 슘페터는 창조적 파괴의 혁신을 강조한 점에서 다르다. 둘째, 슘페터의 기업가와 나이트의 기업가는 경제적 균형

(equilibrium)에 미치는 영향이 사뭇 다르다. 나이트의 기업가는 경제 현실의 불확실성 때문에 발생하는 시장의 비효율을 개선하고 경제를 더 나은 균형으로 이끄는 역할을 한다. 그러나 창조적 파괴의 단어가 시사하듯이 슘페터의 기업가는 기존의 균형을 깨트리고 경제를 불균형으로 이끄는 역할을 한다. 3절에서 '기업가는 파괴 위에 번성한다'고 인용한 말을 기억하는가? 여기서 기업가는 나이트 유형의 기업가가 아니라 슘페터 유형의 기업가이다.

3) 오스트리아학파 전통의 커즈너 이론
: 기회에의 기민성

세 번째는 오스트리아학파 이론으로 여기에서 중요한 키워드는 활용되지 않은 기회 발견의 기민성이다. 그 기회는 새로움을 강조하는 슘페터 이론과 달리 아주 새롭지 않아도 되며, 이미 존재하지만 다른 사람이 미처 활용하지 않은 기회를 포함한다. 이에 관하여 커즈너가 그의 1973년도 저서 『경쟁과 기업가정신』에서 했던 말을 직접 인용하면 다음과 같다.

> 우리는 상품을 어디에서 가장 비싸게 팔 수 있는가, 어떤 기술과 혁신이 가장 효과적인가, 또는 어떤 자산이 가장 크게 가치가 증식할 것인가 등에 대해 남들보다 더 정확히 알고 있는 사람을 기업가로 인식하는 경향이 있다. …… 그러나 기업가는 시장 기회

에 대한 지식을 단순히 더 많이 보유한다는 것만으로는 설명되지 않는다. 기업가정신과 연관성이 있는 지식의 모습은 시장 정보에 관한 실질적 지식뿐만 아니라 시장 정보를 어디서 찾을 수 있는가 하는 '지식', 즉 기민성을 말한다.

부연 설명하면, 커즈너의 기업가는 파격의 경지에 이르지 않아도 존재하고 있지만 다른 사람들이 미처 인지하지 못한 기회를 기민하게 발견하는 사람이다. 기존에 없는 새로움, 새로운 기회를 창조하는 슘페터의 기업가와는 다른 존재이다. 창조적 파괴를 주도하는 슘페터의 기업가는 영웅적 서사가 어울리고, 아무나 되기는 어려워 보인다. 그래서 슘페터의 기업가정신은 특출한 역량과 불굴의 의지를 갖춘 사람에게만 특별히 허용되는 희소한 사치재에 비유될 수 있다. 이와 달리 오스트리아학파 이론에서는 우리 모두 기업가일 수 있다. 왜냐하면 기회의 발견은 자기 자본이 없어도 누구나 할 수 있는 일이기 때문이다. 끝으로 커즈너의 기업가는 시장의 무지(無知)에서 발생하는 불협화음을 조정하는 역할을 담당한다.

> 슘페터의 기업가는 기존의 균형 상태를 흐트러뜨리는 방향으로 행동한다. 기업가는 변화를 유발하고, 새로운 기회를 창출하는 것으로 묘사된다. 그러나 나는 기업가의 역할에서 균형화하는 측면

을 강조한다. 나는 기업가의 역할이 작용하는 원래의 '상태는 균형화 상태가 아니라 불균형화 상태로 본다. 변화는 오로지 기업가로부터 나오는데, 나는 기업가에 의한 이런 변화를 균형화하는 변화로 본다. 기업가에 의한 변화는 현재의 잘못된 의사결정 패턴, 다시 말하면 놓친 기회로 특징되는 패턴에 반응하여 발생하는 변화이다. (그러므로) 나는 기업가를 기존의 시장 무지에서 생기는 불협화음의 모든 요소를 상호 조정하는 사람이라고 정의한다.

이상으로 경제학 교과서에서 다루지 않는, 기업가정신 경제학의 주요 이론을 살펴보았다. 앞에서 말했듯이 세 가지 이론은 서로 경합하는 관계이지만, 상호 배제적인 관계는 아니다. 기업가정신은 다의적인 개념이다. 하나의 이론으로 기업가정신의 진면목을 한 번에 깔끔하게 담을 수는 없다. 그래서 어느 이론은 옳고 어느 이론은 그르다고 하지 못한다. 그러나 개인의 주관적인 선호는 있을 것이다. 여러분은 어느 이론이 가장 마음에 와닿는가? 세 이론 모두 부족하다고 생각하면 스스로 새로운 이론을 개척하는 기업가정신을 발휘해 보는 것은 어떨까?

7. 기업가정신은 사치재가 아니다!

기업가정신의 주체인 기업가는 어떤 사람인가? 여기까지 읽었다면 이제는 이 질문에 대답할 수 있어야 한다. 적어도 기업가정신이 기업인(企業人)에 전속된 개념이 아니라는 것쯤은 이해했을 것이다. 아직도 기업가는 창조적 파괴의 혁신자, 개척자, 막대한 부를 창출한 기업인 또는 대단한 업적을 이룬 전문가 등이어야 한다고 대답할 요량이라면 다시 한 번 생각하자. 우리는 영웅적 서사로 치장한 위인전을 방불케 하는 기업가 이야기에 익숙하다. 그러다 보니 기업가정신을 일반인은 범접할 수 없는 특출난 자질과 역량을 갖춘 소수의 특별한 사람에게만 허용되는 사치재로 여기는 경향이 없지 않다. 그러나 기업가정신은 특별한 사람에게만 허용되는 사치재가 결코 아니다.

기업가는 직업이 아니라 기능의 문제이다. 그 기능을 전인미

답의 새로운 발견이나 창조적 파괴의 혁신으로 세헌할 이유가 없다. 다시 말해 탁월한 역량과 불굴의 의지로 기존의 판도를 뒤엎는 새로움을 개척, 창조하거나 놀라운 업적을 이룬 사람들만이 기업가라고 생각한다면 큰 오해이다. 기업가정신의 생태계는 다양한 유형의 기업가를 포용한다. 거기에는 슘페터 기업가 외에도 나이트 기업가, 커즈너 기업가도 있다. 따라서 창조적 파괴의 혁신자가 아니어도, 깊은 지식을 자랑하는 전문가가 아니어도, 어느 분야에서 일하는 누구든지 앙트러프러너 의미의 기업가가 될 수 있다. 우리는 모두 잠재적인 기업가(potential entrepreneur)이다!

참고문헌

- 이춘우,「기업가(起業家)의 20가지 모습 - 역사적 맥락과 인류 문화적 관점」, 중소기업연구, 2020.6.
- 황인학,「한국 기업가정신의 실상과 재도약 과제」, 2024.11.
- 황인학,「경제학 관점의 기업가정신 이론과 논점」,『기업가정신연구』제2권, 2021.
- Daniel Isenberg, *Worthless, Impossible, and Stupid : How Contrarian Entrepreneurs Create and Capture Extraordinary Value*, Harvard Business Review Press, 2013.
- Hebert & Link, 'In Search of the Meaning of Entrepreneurship', *Small Business Economics*, 1, 1989.
- William Baumol, 'Entrepreneurship : Productive, Unproductive, and Destructive', *Journal of Political Economy*, Vol. 98, 1990.
- The Economist, 'Schumpeter : Crazy Diamonds', 2013.7.20.
- 황인학,「제도혁신성장론이 올바른 대안이다」,『제도와 경제』, 제11권 제3호, 2017.11.
- Acemoglu, Daron, Simon Johnson and James Robinson, 'Institutions as a Fundamental Cause of Long-run Growth', *Handbook of Economic Growth*, Elsevier, 2005.
- The Drucker Institute, 'Measurement Myopia', 2013.7.4.
- Danny Buerkli, 'What gets measured gets managed' - It's wrong and Drucker never said it, medium.com/centre-for-public-impact, 2019.4.8.
- 중소벤처기업부 보도자료, '한국 기업가정신 지수 세계 9위로 껑충', 2021.5.6.
- 전국경제인연합회 보도자료, '기업가정신 지수 글로벌 비교', 2021.7.1.
- Ronald Coase, 'The Institutional Structure of Production', The Nobel Prize Lecture, 1991.12.9.
- James Buchanan, *What Should Economists Do?*, Liberty Press, 1979.

- Dan Johansson, 'Economics Without Entrepreneurship or Institutions : A Vocabulary Analysis of Graduate Textbooks', *Economic Journal Watch*, 1(3), 2004.12.
- Dan Johansson & Arvid Malm, 'Economics Doctoral Programs Still Elide Entrepreneurship', *Economic Journal Watch*, 14(2), 2017.5.
- Nicholas Gregory Mankiw, *Principles of Economics*, 9e, Cengage, 2021.
- 이준구·최승주, 『미시경제학』(8판), 문우사, 2024.
- 정갑영·김동훈·최윤정, 『산업조직론』(6판), 박영사, 2021.
- Frank Knight, *Risk, Uncertainty and Profit*, Boston : Houghton Mifflin, 1921.
- Joseph Schumpeter, 이종인 옮김, 『자본주의, 사회주의, 민주주의』, 북길드, 2016.
- Israel Kirzner, 이성순 옮김, 『경쟁과 기업가정신』, 한국경제연구원, 1995.

기업의 탄생과

혁신의 기업가정신

최준선

성균관대학교 법학과 졸업
성균관대학교 대학원 법학석사
독일 마르부르크 필립스 대학교 대학원 법학박사
성균관대학교 법학전문대학원 교수, 현 명예교수
한국기업법학회 회장
한국상사법학회 회장
법무부 상사법특별위원회 위원장
저서:「회사법」등 다수

1 무엇이 대풍요를 가능하게 했는가?

1) 가난했던 인류

'팍스 로마나(Pax Romana)' 시대로 알려진 제정 초기 로마의 최전성기에 태어난 사람들의 평균 수명은 24~37세였지만, 오늘날 선진국 국민은 약 80세, 아무리 가난한 나라라도 약 60세이다. 1800년경 전 세계 1인당 생산 및 소비 수준은 일 평균 현재가로 3달러 수준이었다. 신흥 강국으로 부상한 미국, 네덜란드, 영국조차 6달러에 그쳤다. 당시는 극도로 가난하여 생존과 생활에 필요한 물품을 구할 수 없어 굶어 죽는 사람도 많았다. 18세기 프랑스에서 르블랑(Nicolas Leblanc, 1742~1806)이 저가 소다를 이용해 비누를 대량으로 만들기 전까지는 위생과 의료 수준이 매우 낮아 위장 계통 감염과 전염병으로 사망률이 매우 높았는데, 특히 5세 미만은 19세기 후반까지 40%나 되었다. 비누를 발명한 덕택에 유럽인의 평균 수명이 반세기 만에 20년이나 늘어났다.

인류가 풍요를 누린 시간은 산업혁명 이후 200년에 불과하다. 전 세계 인구는 1800년 10억 명에서 2020년 79억 명으로 8배 증가했고, 현재 브라질의 경우는 국민 평균 하루 33달러, 초고소득 국가에 사는 약 20억 명의 사람들은 하루 80~150달러 이상을 벌고 있다. 19세기 후반부터는 이미 일반 국민들도 대량의 면(cotton) 제품으로 값싸고 따뜻하게 옷을 지어 입었으며, 한 세기 전의 왕과 귀족보다 더 청결한 상태에서 살 수 있게 되었다. 1500년부터 1820년까지의 320년 동안 세계 총생산의 증가는 3배도 되지 않았지만, 그 이후 200년간 세계 총생산은 100배 이상 증가했다. 오늘날 5세 미만 평균 사망률은 7% 미만이고, 고소득 국가에서는 1%도 되지 않는다.

2) 도대체 누가 인류에게 이런 대풍요를 안겼을까?

현재 보통의 한국인은 100년 전 왕보다도 더 호사스러운 생활을 한다. 에드 콘웨이(Ed Conway, 1979~)가 쓴 『물질의 세계』를 보면, 선진국 사람들은 평생 1인당 평균 약 15톤 이상의 강철을 소비하며, 중국인의 평균 7톤, 사하라 이남 아프리카 사람들의 평균 1톤을 소비한다고 한다. 우리나라는 강원도 정선군 '신예미광산'을 유일한 철광석 광산으로 보유할 뿐이지만, 그럼에도 포스코와 현대제철 등 대규모 철강회사 덕분에 1인당 평균 15톤 이상의 강철을 소비하는 것으로 추정된다. 대표적인 기호식품인 커피의 경우 한국인의 연간 소비량은 2023년 기준 1인당 405잔이었다. 이는 전 세계 평균치인 105잔보다 3배 가까이 많을 뿐만 아니라 미국(318잔)보다 높은 수준이다. 물론 지구촌 곳곳에는 아직도 먹을 것이 부족할 정도로 가난을 벗어나지 못한 수억 명의 사람들이 있지만, 다른 한편에는 필요가 아닌 과시가 소비의 목적이 되어 버렸다. 무엇이 이런 대풍요를 가져왔는가?

매클로스키와 카든은 『당신이 모르는 자유주의』에서, "대풍요가 찾아온 이유는 자유주의 덕분이다."라고 말한다. 제국주의의 확장과 식민지 건설, 노예를 통한 공짜 노동력, 과학, 자본, 토지, 부존자원 등이 대풍요의 결정적인 요인으로 지목되기도 하지만, 이들 요인들은 대풍요의 필요조건이 될 수는 있지만 충분조건은 아니라고 한다. 과연 그런지 추적해 보자.

프랑스의 경제학자이자 실업가인 세(Jean-Baptiste Say, 1767~1832)는 1803년 식민지 건설로 "영토와 영해를 지배하는 것은 그 이익이 전부 통치자에게 돌아가는 반면, 자국민들은 아무 이익도 얻지 못한다는 점에서 그다지 장점이 없어 보인다."라고 말했다. 식민지 건설은 통치자에게만 득이 될 뿐이라는 것이다. 2,206년을 이어온 로마제국은 끊임없는 전쟁으로 아프리카, 유럽 및 중동까지 영토를 확장하고 식민지에서 곡물을 수탈했다. 전쟁에서 살아남은 군인들은 전리품을 획득했고 황제와 지배계층은 부를 누렸다. 하지만 수많은 젊은 전사자를 냈고 결국 멸망했다. 부를 늘리는 방법은 전쟁에 있지 않고 무역에 있다는 것을 깨닫지 못한 것이다.

노예제도 또한 마찬가지이다. 식민지에서 유입된 노예로부터 얻어내는 공짜 노동은 경제발전에 얼마나 큰 기여를 했을까? 애덤 스미스(Adam Smith, 1723~1790) 이래 많은 경제학자들이 자발적으로 일하지 않는 노예는 창의력이나 혁신을 창출할 수 없으므로 경제발전에 기여하는 데는 한계가 있음을 지적했다. 희망이 없는 삶, 목적이 없는 삶은 발전의 동기가 없기 때문에 로마 시대나 노예 해방 이전의 미국에서는 노예들이 부를 창출하는 데 얼마간의 기여를 했지만 경제발전에 결정적인 역할을 했다고는 볼 수 없다.

과학이나 수학이 혁신에 기여한 바는 물론 매우 크다. 예컨대 광섬유를 이용한 통신 분야의 개척으로 노벨 물리학상을 받은 찰스 곤 고 경(Sir Charles Kuen Kao, 1933~2018)과 같은 과학자들이 기술혁신을 주도했다. 이른바 맬서스 트랩(Malthusian Trap)을 부수고 인류를 기아에서 구한 것도 과학의 힘이었다. 맬서스(Thomas Robert Malthus, 1766~1834)가 『인구론(人口論, An Essay on the Principle of Population), 1798』에서 "식량은 산술급수적으로 증가하는 반면 인구는 기하급수적으로 팽창한다."고 주장한 이론이 맬서스 트랩이다. 독일의 화학자인 프리츠 하버(Fritz Haber, 1868~1934) 교수와 독일의 화학 회사 베아에스에프(BASF)에서 일하던 카를 보슈(Carl Bosch, 1874~1940) 박사는 하버-보슈법(Haber-Bosch process)

을 개발해 암모니아를 대량 합성하여 비료를 생산함으로써 농산물의 획기적 증산을 이끌었다. 영국 노스위치(Northwich)에 있었던 화학기업 ICI(Imperial Chemical Industries) 연구소에서 일하던 화학자 에릭 포셋(Eric Fawcett, 1927~2000)과 레지날드 깁슨(Reginald Gibson)이 1933년 플라스틱의 대표적인 존재인 폴리에틸렌을 발견했다. 그 덕에 우리는 말랑말랑한 비닐봉지부터 방탄플라스틱까지 별별 물건을 만들어 사용하고 있다. ICI는 이후 도산하여 타타 케미컬(Tata Chemicals)에 인수됐고 ICI 연구소 건물은 지금은 사우나로 사용된다고 한다.

그렇지만 적어도 1900년 이전에는 과학실험실보다는 작업장에서 혁신이 쏟아졌다. 혁신이 폭발한 시기는 1800년 이후였고, 지금도 크고 작은 혁신은 작업 현장에서도 매우 빈번히 일어난다. 여말선초 화약과 화포를 발명한 최무선(崔茂宣)은 군인이자 정치가였고, 장영실(蔣英實)은 조선 최고의 기술자였으며, 라디오 국산화의 주역인 김해수(金海洙)는 회사원이었다.

자본이 아무리 많아도 대출 거래와 신용 거래가 확립되어 있지 않으면 활용을 할 수가 없다. 재산권을 보호하고 이를 사용할 수 있는 시스템이 갖추어져야 자본도 활용할 수 있다. 1492년 스페인의 유대인 추방령인 알함브라 칙령(Alhambra Decree)으로 당시 스페인 왕국의 금융 및 유통망을 장악하고 있던 많은 유대인이 영국과 네덜란드 등 다른 지역으로 이주하면서 스페인 경제는 급속도로 붕괴되었다. 칙령 발표 후 약 60년 뒤인 1557년에 스페인 왕국은 파산했고, 1588년 무적함대는 영국에 패했다. 반면에 이들 추방된 유대인들을 받아들인 네덜란드는 유럽 총 선박톤수의 절반 이상을 보유한 해양대국으로 성장했다. 네덜란드는 자본을 활용할 수 있는 토대를 마련했다. 어업, 해운업, 무역업, 조선업 등에서 절대 우위를 차지했고, 수도 암스테르담은 창고업과 금융업 등 세계 제1의 국제중계무역지로 발전했으며, 금융 중심지로서 거래시장, 주식시장, 외환시장, 선물거래의 본고장이 되었다. 네덜란드가 이와 같이 발전한 것은 경제적·종교적 자유가 보장되었고, 재산권과 계약의 보호가 철저했기 때문이다. 네덜란드는 1602년 세계 최초의 다국적 기업인 동인도회사를 설립해 본격적으로 동양에까지 진출했다. 다만, 네덜란드가 예전의 명성을 오늘날까지 이어오지 못한 것은 주변국인 영국·독일·스웨덴·프랑스 등의 견제와 영국과의 전쟁인 영란전쟁에서의 패배 등으로 외세로부터 국가를 지키지 못했기 때문이다.

그러나 '토지'와 '자원'이 없다고 해서 한탄할 필요도 없다. 세계에서 자원이 가장 많은 나라는 러시아이다. 중국화되기 전 홍콩은 바닷물밖에 없었고, 대한민국에는 지금도 사람밖에 없다. 과거의 홍콩과 현재의 한국이 발전할 수 있었던 것은 부존자원 때문이 아니다. 천연자원도 없고 영토도 좁으며 인구마저도 2024년 기준 겨우 604만 명인 도시국가 싱가포르의 2024년 1인당

GDP는 91,100달러로, IMF 기준 세계 5위이다. 2024년 한국의 1인당 GDP는 36,194달러로 세계 32위이다.

미국 메릴랜드 대학 경제학 교수였던 사이먼(Julian Lincoln Simon, 1932~1998)은 1981년에 쓴 책, 『궁극의 자원(The Ultimate Resource)』에서 무엇을 '자원'으로 규정할 것인지는 인간의 창의성에 따라 끊임없이 변화한다고 말했다. 그는 어떤 자원이 희소해져서 점점 비싸지면 그것이 풍부한 대체자원을 찾아낼 인센티브로 작용하여, 희소한 자원에 대한 수요가 줄어들게 되는 대체 효과가 작동하여 결국 그 자원의 가격이 떨어진다고 예측했다.

사이먼 교수와 스탠퍼드 대학교 에를리히(Paul Ehrlich, 1932~) 교수는 1980년 구리·크롬·니켈·주석·텅스텐 등 다섯 가지 천연자원을 골라 200달러씩 총 1,000달러를 걸고 10년 뒤 가격 변화를 두고 내기를 했다. 이 내기에서 가격이 오른다고 한 에를리히 교수가 졌고, 그는 사이먼 교수에게 576.07달러짜리 수표를 송금했다는 것은 유명한 이야기이다. 이와 비슷한 내기도 있었다. 작가 맷 시먼스(Matt Simmons, 1943~2010)와 뉴욕 타임즈의 칼럼니스트 존 티어니(John Tieney, 1953~)가 2005년부터 2010년까지의 원유 가격을 두고 내기를 했다. 시먼스는 사우디아라비아의 원유 생산량이 최고가를 찍고 하락하면서 유가가 세 배 이상 상승하고, 원유 매장량이 바닥을 보이면서 원유 가격이 최고가를 유지한다는 쪽에 돈을 걸었고, 티어니는 그 반대에 걸었다. 2005년부터 2010년까지 유가는 거의 오르지 않았다. 시먼스는 졌지만 그 결과가 알려지기 전에 사망했다고 한다.

'자원'에 관해서는 에드 콘웨이(Ed Conway)가 쓴 『물질의 세계』에 풍부한 얘깃거리가 실려있다. 거의 낭비에 가깝다고 할 수 있을 정도로 우리는 최고급 물질을 아낌없이 사용하고 또 버린다. 자원은 점점 고갈되어 가고 있다. 새로 채굴되는 광물의 순도(함량)는 점점 낮아지지만 채굴기술의 발전으로 생산량에는 변동이 없거나 더 늘어나고 있어 가격에도 변동이 없을 뿐이다. 예컨대 전 세계 구리 자원의 총량은 56억 톤이고, 그 중 21억 톤은 이미 발견되었다. 친환경 에너지 정책으로 태양광이나 풍력 발전과 같은 친환경 에너지 생산 장치에 소요되는 구리 사용량이 급격하게 늘어, 남은 양은 고작 115년 분량이다. 이처럼 자원이 고갈되면 최후에는 지구의 70%를 덮고 있는 해양탐사를 통하여 광물을 채취할 것으로 보인다. 이때 해양이 크게 오염되는 것은 불가피하고, 소중한 해양 생명체의 서식지를 파괴할 것이다. 그 전에 80억 명의 인류가 새로운 아이디어로 문제를 해결하거나 대체물질을 찾을 수 있을 것으로 기대한다. 이미 활용한 자원을 재생 또는 재활용하거나, 우주 행성에서 광물을 채취해 오는 방식으로 문제를 해결할 수도 있을 것이다.

앞에서 언급한 『당신이 모르는 자유주의』에서도 나와 있듯이 과거 보크사이트와 석탄은 아무짝에 쓸모없는 흙과 돌덩이였지만, 현재 전자는 알루미늄을, 후자는 유리 제조에 쓰인다. 태양광, 바닷물, 희토류도 과거에는 모두 자원으로 인식되지 않았고, 전기도 정전기에서 발전된 것이다. 흔하디 흔한 모래도 중요한 자원이다. 모래로 콘크리트를 만들고 반도체를 만든다. 하지만 모든 모래가 반도체 제작에 사용되는 것은 아니다. 미국 노스캐롤라이나 주 미첼 카운티 스프루스 파인(Spruce Pine)은 인구 2,000명 정도의 한 작은 마을이다. 여기서 나는 9가 13개인 순도 99.99999999999%의 실리카 모래가 반도체 웨이퍼의 원료이다. 쓸모없다고 생각되던 자원, 심지어는 자원으로 생각되지 않았던 것에 참신한 아이디어가 덧붙여져 새로운 가치를 만들어 내면 그것이 자원이 된다. 석기 시대가 끝난 것은 돌이 사라진 게 아니라, 필요가 없어졌기 때문이다. 기업가는 쓸모없다고 생각되는 것에서도 사업의 기회를 찾아내는 사람이다.

오스트리아의 경제학자 슘페터(Joseph Schumpeter, 1883~1950)는 한 나라의 발전은 그 나라의 자원에만 좌우되는 것이 아니라, 가지고 있는 것으로 무엇을 하느냐에 달려 있다고 했다. 그는 어떤 나라도 발전이 가능하다고 주장하면서 영토나 인구, 천연자원보다 기업 환경이 더 중요하다고 말했다.

슘페터는 국가의 운명을 개척하는 것은 국가 자신이며, 정부가 국민의 번영을 원한다면 영토 확장의 야심을 버리고 국내 기업인들에게 우호적인 사업 환경을 조성해야 한다고 주장했다. 강력한 소유권 인정, 안정된 물가, 자유무역, 적정한 세금, 일관된 규제가 필요하다고 강조했다. 혁신에 유리한 경제 환경을 만드는 것이 공장이나 기계를 확보하는 것보다 더 중요하다고 말했다.

3) 혁신을 통한 기업의 성장이 풍요를 가져왔다

기업가야말로 인류역사상 어떤 정부나 자선단체보다 가난을 없애는 데 크게 기여했다. 그런데『자본(Das Kapital)』을 쓴 마르크스(Karl Marx, 1818~1883)는 부르주아의 활동이 결국 사회를 파괴한다고 주장했다. 부르주아(Bourgeois)란 도시에 사는 사업 친화적인 중산층 계급을 의미하는데, 그는 부르주아를 '기생충'이라면서 폄훼(貶毁)했고, 부르주아 생활을 악(惡)으로 보았다. 하지만 부르주아 생활, 즉 사업 친화적인 중산층의 노력이 인류의 대풍요를 가져왔다는 것을 많은 경제학자들이 밝혀냈다. 예를 들면 슘페터는 "성장은 개인들의 영웅적 개입의 결과이다. 그들(개인들)은 새로운 해변(말하자면, 블루오션)을 찾아 나서는 리더들이다."라고 말했다. 슘페터는 기업가의 이윤으로 나타났던 것이 결국 다른 계층들의 영구적인 실질소득 증가를 낳는다고 했다. 이 점은 후대의 여러 경제학자들이 수치로 증명했으므로 슘페터의 통찰이 얼마나 빛나는가를 알 수 있다. 여기서 영웅적 활동을 한 개인 계급이 바로 부르주아이다.

『당신이 모르는 자유주의』에 따르면, 슘페터의 통찰을 증명한 사람은 노벨 경제학상을 받은 노드하우스(William Dawbney Nordhaus, 1941~)였다. 그는 혁신가의 창의성으로 사회가 얻은 이득은 자그마치 98%가 소비자의 몫으로 흘러간다고 추산했다. 아마존닷컴 창립자인 베이조스(Jeffrey Preston Bezos, 1964~)의 순 자산은 1,431억 달러이고, 월마트 창립자인 월튼(Samuel Moore Walton, 1918~1992)의 상속인의 순 자산을 모두 합치면 약 1,750억 달러인데, 이들 금액은 생산과 거래 방식에 혁신을 일으키고 그에 따른 사회의 총 소득 증가분의 2% 정도라고 추산했다. 이 2%를 뺀 나머지 98%가 사회로 흘러 들어가 대풍요를 일으킨 것이다. 억만장자와 조만장자의 부는 상거래의 혁신에 따른 결과였다. 단기적으로는 혁신의 과실이 일부 고소득층에게 돌아가지만 그 이후부터는 저소득층에게도 흘러가, 결국은 장기적으로 근로계층 모두에게 이익이 된다. 산업혁명 이전 농업사회에서는 국내총생산(GDP)에서의 지주와 자본가 몫이 50%를 상회하다가 산업혁명 이후 현대사회에서는 25%로 감소한 것도 이를 증명한다.

이처럼 인류의 대풍요를 가져온 것은 혁신을 통한 성장이었다. 빈곤을 몰아내는 것은 재분배가 아니라 생산과 성장이다. 성장 없이 재분배에만 열심인 사회는 병들고 쇠락할 수밖에 없다. 경제성장은 기업을 통하여 이루어진다. 그렇다면 과연 기업이란 무엇인가? 기업을 움직이는 '기업가정신'이란 무엇인가? 이에 관하여, 그리고 기업가정신이 일으키는 '혁신'의 의미를 살펴볼 차례이다.

2

기업의 탄생과 진화

1) 기업이란 무엇인가?

영국 이코노미스트지 편집장 존 미클스웨이트와 경영 담당 편집자인 에이드리언 울드리지가 쓴 『기업, 인류 최고의 발명품』(The Company – A Short History of a Revolutionary Idea, 2003)에서 "자본주의 사회 구성요소인 국가, 기업, 소비자 가운데 기업은 사회적 부(富)를 창출하는 유일한 존재"라고 했다. 인류 최고의 발명품으로서 사회적 부를 창출하는 유일한 존재인 기업이란 과연 무엇일까?

기업(企業)이라는 단어를 살펴보면, '企' 자는 '꾀하다', '도모하다'라는 뜻을 가지고 있다. '人'[사람 인] 자 아래 '止'[발 지] 자가 있어, 사람이 발 위에 서 있는 모양이다. 이것은 사람이 무엇인가를 시작하기 위해 힘차게 '발돋움한다'는 의미로 해석할 수 있다. 그래서 '企' 자는 목표를 세우고 그것을 실행에 옮기는 것을 뜻한다. '業' 자는 '일'이나 '직업'을 뜻한다. '業' 자는 걸개와 받침대를 표현한 것인데, 악기인 종(鍾)이나 석경(石磬)을 걸고 사용하던 모습을 나타낸다. 따라서 이 글자는 악기를 들고 다니며 생계를 이어가던 모습에서 '직업'이라는 뜻을 갖게 되었다.

결국 '기업'이란 직업이 될 만한 일을 계획하는 것이고, 기업인은 그런 일을 계획하여 실현하는 사람이라고 할 수 있다.

기업은 혼자서도 계획하고 실행할 수 있지만, 모든 일을 혼자 처리하려고 하면 큰 사업은 절대로 할 수 없다. 그래서 사람의 모임, 즉 단체를 만든다. 영국의 경제학자로서 노벨 경제학상을 수상한 코스(Ronald Harry Coase, 1910~2013)는 '기업은 왜 존재하는가?'라는 질문에 대해 "기업은 거래비용(transaction cost)을 최소화하기 위해 존재한다."라고 대답했다. 거래비용이란 물건이나 서비스를 사고팔 때 드는 다양한 비용을 말한다. 여기에는 거래 전에 필요한 정보나 자료를 조사하고 수집하는 비용, 거래를 위해 상대방과 협상하는 비용, 담보가 필요한 경우 담보 설정 비용, 중개인이 개입해야만 하는 경우 중개수수료, 계약 체결 비용, 계약이 잘 지켜지는지 확인하고 감시하는 비용 등이 포함된다.

법인(法人)은 재산의 덩어리 또는 여러 명의 독립된 개인이 모여 만든 단체에 법인격(法人格)을 부여한 것을 말한다. 영어로는 'corporation'인데 라틴어 'corpus'에서 왔고 '신체'를 뜻한다. 회사는 영어로 'company'라고도 하는데 라틴어 'compania'에서 유래했다. 'com + pan + ia'에서 'com'은 '함께', 'pan'은 '빵', 'ia'는 '먹다'라는 의미로 이 셋을 합하면 함께 빵을 먹는다는 뜻이다. 함께 빵을 먹는 단체는 군대가 있다. 기업을 뜻하는 'company' 역시 군대와 유사하게 함께 일하면서 빵을 살 돈을 버는 조직이라고 할 수 있다. 이 회사가 모두 당연히 법인인 것은 아니다. 나라별로 법률정책에 따라 회사의 종류 중 일부에 대해서만 법인격을 부여한다. 다만, 우리나라의 모든 회사는 법인이어야 한다고 상법에 정해져 있다.

2) 기업의 탄생

로마 시대에도 오늘날의 기업과 비슷한 단체로 '소치에타스(societas)'가 있었다. 이탈리아어로 기업을 'societa per azioni'라고 하는데, 이것은 지분으로 나뉘는 단체를 의미한다. 이름 자체에서 지분(주식)과 주주가 이 단체의 중요한 구성요소임을 알 수 있다.

로마는 기원전 753년 4월 21일에 세워졌고, 그로부터 2,206년이 지난 1453년 5월 29일 새벽 동로마의 콘스탄티노폴리스가 함락되면서 멸망했다. 당시 로마에는 이미 기업이 생겼고, 기업들은 사회간접자본 건설과 로마제국 건설과정에서 치러진 수많은 전투에서 보급을 담당하는 중요한 역할을 했다. 로마 명장 스키피오가 카르타고의 한니발을 꺾을 수 있었던 것도 기업이 의복과 식량 및 장비를 원활하게 공급해 주었기 때문에 가능했다. 그 대가로 기업 종사자는 병역을 면제받았으며, 해상 운송 중 태풍이나 적의 습격으로 화물을 분실한 경우 로마가 손실을 보전해 주기로 약속했다. 당시 로마에는 공공업무를 수행할 별도 조직이 없었기 때문에 민간기업의 활용 없이는 로마가 수많은 전투를 거치며 영토를 확장하여 제국을 건설하기는 불가능했을 것이다. 행정 조직이 완비되기 시작한 것은 로마가 공화정에서 제정(황제 정권)으로 바뀐 뒤였다. 그 전까지는 민간기업에게 정부의 일을 대신하게 했고, 그중 가장 잘 운영된 조직이 푸블리칸의 단체를 뜻하는 '소치에타테스 푸블리카노룸(societates publicanorom)'이었다.

우리나라의 예를 보면, 1966년 베트남 전쟁에서 한진그룹의 창업자 조중훈 회장은 전쟁터 한복판에서 미군 군수물자를 운반하는 사업을 따냈다. 사업장이 바로 사선(死線)이었다. 현대전에서도 민간기업이 포탄·전차·군함·전투기 등 무기를 제조해 군대에 공급하지 못하면 사실상 전쟁은 불가능하다. 조 회장은 "한국 사람이 김치를 못 먹는 것처럼 괴로운 일이 없다."면서 베트남 고산지대에서 배추를 특별 수송해 김치를 담가 직원들에게 제공했고, 이웃해 있는 맹호부대 장병들도 한 번에 70~100명씩 찾아와 무료 식사를 하고 가곤 했다.

윌리엄 매그너슨의 『기업의 세계사』를 보면, 이 소치에타테스 푸블리카노룸은 오늘날의 기업과 기본적인 특성이 비슷하다는 것을 알 수 있다. 이 조직은 독립된 법인으로 인정받았다는 점에서 지금의 주식회사와 매우 유사하다. 그리고 '소시우스(socius)'라고 불리는 구성원이 사망하더라도 소치에타스는 계속 존재할 수 있었고, 소치에타스는 '파르테스(partes)'라고 하는 주식으로 소유권을 표시했으며, 다른 소유주에게서 주식을 사거나 회사로부터 직접 구입할 수 있었다. 또 회사를 운영하는 경영자 조직을 별도로 운영했고, 이사회에 해당하는 '마기스트리(magistri)'가 의사를 결정했다는 점도 주식회사와 유사하다. 마기스트리 멤버는 매년 선거를 통해 선출되고 교체되었다. 경영자들이 공금을 들고 도주하는 사태를 예방하기 위해 회계보고서를 작성해 제출하도록 했고, 주주와 경영자가 모인 주주총회도 열렸다. 지금도 '유럽 주식회사'의 공식명칭은 라틴어 'Societas Europaea(SE)'이다.

이후 근대적인 회사는 영국에서 1550년대에 탄생했다. 그중 가장 성공한 회사는 1600년 마지막 날에 설립 허가를 받은 영국 동인도회사였다. 그러나 영국동인도회사는 이름은 무역 회사지만 왕실이 주식의 일정 부분 보유하고 있었으며, 회사의 수장이 식민지 총독을 겸하였으므로, 아시아 지역의 무역을 완전 독점하고, 회사 영토 내에서의 사법 및 치안권은 물론, 제한적인 외교권 및 군사행동권까지 갖고 있는 사실상의 총독부였다. 최초의 민간 주식회사는 네덜란드의 동인도회사였다.

3) 법인으로서의 기업

앞에서 말했듯이 기업은 반드시 법인이어야 하는 것은 아니다. 기업 조직은 개인이 아무런 형식 없이 만들 수도 있지만, 상법이 정하는 법인(法人) 제도를 이용하면 훨씬 더 많은 혜택을 누릴 수 있다. 법인이란 법률이 인정하는 인간, 즉 인격체로서 보통 사람이 가지는 권리와 의무의 대부분을 향유하는 단체를 말한다. 물론 법인은 남과 여, 성(性)에 따른 권리와 의무, 결혼 등 자연인만의 권리와 의무는 가질 수 없다. 우리나라에서는 법인이 아닌 단체를 '임의단체'라고 부른다. 임의단체는 등기소에 등기할 필요가 없다. 주사무소 소재지 관할 세무서에 등록하여 '고유번호증'과 '사업자등록증'을 교부받으면 은행 계좌를 개설할 수 있고, 다양한 영리 또는 비영리 활동을 할 수 있다.

우리나라 법은 법인을 둘로 나눈다. 첫째, 사람의 단체를 사단(社團)이라 하고, 사단에 인격을 부여한 것이 사단법인이다. 이 사단법인 중에 이윤을 추구하기 위해 만든 사단법인을 우리는 특히 회사(會社)라고 부른다. 따라서 회사는 태어날 때부터 상인이라서, '태생적(胎生的) 상인'이라 한다. 우리나라 법에는 회사는 모두 사단법인이어야 한다고 정하고 있다. 둘째, 재단(財團)이다. 재단은 재산 덩어리를 말하는데, 여기에 인격을 부여한 것이 재단법인이다. 예를 들면, 장학금을 지급하기 위해 만든 장학재단 그 자체를 사람으로 취급하는 것이다.

법인의 존재는 법인 등기부에서 확인할 수 있지만, 그 실체를 눈으로 볼 수는 없다. 기업의 사장이 근무하는 기업의 '본사'나 '영업장' 또는 '공장', 기업이 사업활동을 하는 '사업 현장'을 우리가 방문할 수 있지만, 본사, 영업장, 공장, 사업 현장 등은 기업 자체가 아니다. 이런 공간은 경영자가 결정하면 언제든지 다른 곳으로 이전할 수 있고, 필요에 따라 없앨 수도 있다. 그래서 영국 법학자이자 판사였고 '법의 지배'를 주장한 코크(Edward Coke, 1552~1634)는 "기업은 보이지 않지만 영원하다."라고 말했다. 법인은 자연인과는 달리, 이론적으로는 영원히 죽지 않는 인간이다. 물론, 법인도 해산하고 파산하여 말소 등기를 하면 법인도 죽는다.

특히 법인 중 주식회사제도를 이용하면 많은 사람으로부터 투자를 받아 큰 자본을 모으고 대규모 사업을 할 수 있다. 투자자가 주식을 팔아 떠나더라도 그 주식을 사는 사람이 있다면 기업은 유지된다. 회사를 관리하는 사장이나 임원이 여러 가지 이유로 회사를 떠나도 새로운 사장과 임원을 뽑으면 기업 자체는 그대로 존재할 수 있게 된다. 마치 한강에 흐르는 물은 끊임없이 흘러가 바다로 사라지지만, 한강은 영원히 한강인 것과 같다. 그리고 모든 구성원이 회사 외부인과 계약에 참여할 필요 없이 대표이사 한 사람이 회사를 대표하여 업무를 집행할 수 있어서 간편하기도 하다.

우리나라 상법에서는 '기업'이라는 말을 사용하지 않고, 대신

'회사'라는 말을 사용한다. 기업과 회사를 거의 같은 의미로 이해할 수 있다. 기업은 법인이 아닐 수도 있지만, 회사는 우리나라 법상 반드시 법인이어야 하기 때문에 차이가 있고, 따라서 기업이 회사보다 더 넓은 개념이라는 주장도 있다. 그러나 다른 나라에서는 회사가 반드시 법인일 필요는 없기 때문에 법인인가 아닌가를 기준으로 회사와 기업을 구분할 수는 없다. 어떤 것에 법인격을 인정할 것인가의 여부는 입법 정책일 뿐이고, 법인성을 인정하는 이유는 어떤 조직에 법인성을 인정하면 대내관계와 대외관계가 간편해지기 때문이다. 예컨대 대외적으로 어떤 계약을 할 때 단체 소속 모든 구성원이 계약서에 서명·날인할 필요 없이, 법인의 대표자(대표이사) 1인이 서명·날인하면 계약이 체결된다. 기업 내에서 이사를 인사발령할 때도 대표자의 임명장 하나로 충분하고, 모든 주주의 도장을 받을 필요가 없다.

4) 기업 지배구조

기업 지배구조라는 말은 다양한 의미로 사용되나, 회사의 기관 간의 권력 분배구조가 원래의 의미이다. 주식회사의 기관이란 주주총회, 이사회, 대표이사 및 감사(또는 감사위원회)를 말한다.

기업의 여러 형태 중에 주식회사에 출자하는 자를 주주(shareholder)라고 한다. 기업은 주주들의 최초의 회의인 창립총회에서 얼개가 확정된다. 영국, 네덜란드, 스웨덴, 프랑스, 포르투갈 등에서 설립된 동인도회사들이 활약하던 1600년대의 주주회의는 본래 '소유자들의 모임'이라고 불렸다.

주주는 회사의 주인이라고들 한다. 이 말은 일부만 맞다. 주주의 구성은 매우 다양하다. 최대주주인 지배주주도 있고 소액주주도 있으며, 기관투자자, 펀드 등이 있다. 지배주주나 대주주는 주식을 대량으로 쉽게 팔기 어렵다. 주식을 대량으로 팔아버리면 지배주주의 지위를 잃어버리기 때문에 경영권의 포기라는 의미가 되어 버린다. 지배주주이기 때문에 강력한 경영권을 행사하는데, 그래서 회사의 주인(owner)이라고들 흔히 말한다. 이 말은 역사적으로는 어느 정도 일리가 있다. 과거 영국에서는 일정 금액(최저 2,000파운드) 이상을 투자한 대주주 중에서 경영자인 이사를 선발했고, 이사들은 사실상의 이사회 의장을 선출했는데, 그를 총독이라고 불렀다. 이들 대주주들을 회사의 소유자로 인식한 것이다. 그러나 오늘날에는 지배주주를 주식회사의 주인이라고 할 수는 없다. 주식회사는 그 자체가 인간(법인)이므로 주식회사 그 자체가 자신의 주인이며, 어떤 인간이 다른 인간의 주인이 될 수는 없다.

반면, 지배주주 외에는 대부분 주가 단기차익을 노리고 주식을 사고파는 투자자이다. 이들은 법률이 인정하는 제한된 주주의 권리만을 행사할 수 있을 뿐, 경영권을 갖지는 않는다. 따라서 이들이 회사의 주인이라고 보기는 어렵다. 회사가 망해도 주주는 주식만 던지면 더 이상 누구에게도, 심지어 회사의 채권자에 대해서도 아무런 책임도 지지 않는다. 주주(株主, shareholder)는 글자 그대로 '주식(share)의 주인(holder)'이라고 보는 것이 타당하다.

또한 대주주가 가진 1주나 소액주주가 가진 1주의 가치는 똑같다. 이를 '주주평등의 원칙'이라 한다. 그러나 '주주평등의 원칙'보다는 '주식평등의 원칙'이라는 표현이 정확하다. 다만 어떤 주식회사를 지배할 정도의 대량의 주식을 보유하고 있는 사람인 지배주주가 존재하는 경우는 흔히 있다. 이 사람이 회사의 주인 역할을 하는 경우가 흔히 있는데, 이것은 자본다수결에 따른 현상으로 대량의 자본을 투자한 사람으로서의 권리(아래에서 말하는 지배주주의 경영권)이자 의무이므로, 그 역할은 존중되어야 한다.

5) 이사회와 대표이사 그리고 경영권

법인은 스스로 생각할 힘이 없고 스스로 움직일 수도 없기 때문에 반드시 누군가의 관리를 받아야 한다. 주식회사의 지배구조에서 가장 중요한 것은 주주와 관리자(즉 경영자)의 관계 설정이다. 그런데 누가 그 관리자가 되어야 하는가? 당연히 법인을 만들고 돈을 낸 지배주주가 관리자가 되어야 한다. 자신의 돈을 투자한 지배주주는 그 돈이 투입되어 생산을 위한 자본이 되고, 기업은 (돈 → 자본 → 기업으로 이어져) 결국 돈의 변형물이기 때문에 자본이 일으키는 변화를 지배(control)할 수 있는 권리는 돈을 댄 지배주주에게 있어야 한다. 기업은 물적 요소인 재산을 출연하지 않으면 만들 수 없다. 우리 판례는, 주식회사는 '인적 요소(발기인)'가 정관을 작성하고 '물적 요소'인 주식을 일부 인수한 때 회사가 잉태('설립 중의 회사'의 성립)하는 것으로 인식하고 있으며, 그 후 이를 등기함으로써 탄생(성립)하는 것으로 이해하고 있다.

회사에 대한 관리자의 권리를 우리는 보통 경영권이라 한다. 여기에는 두 가지가 있다. 하나는 '지배주주의 경영권'이고, 다른 하나는 '대표이사, 이사 및 이사회의 경영권'이다. 지배주주의 경영권은 지배주주 자신이 투입한 돈이 자본으로 변형되고 그 힘에서 나온 '권리(權利)'이므로 지배주주의 재산권의 일종이다. 주식회사 주주의 경영권은 구체적으로 이사를 임명하고 이사회를 구성할 권리를 의미한다. 실제로는 혼자이든 여럿이든 최대 지분을 보유한 주주(최대주주=지배주주)가 경영권을 가진다. 권리는 '특별한 이익을 누릴 수 있는 법률상의 힘'으로서, '이익'과 결부된 개념이다.

지배주주가 직접 경영할 수 없을 때는 대리인을 세운다. 그 대리인이 이사이고, 이사들의 대표가 대표이사이며, 이사들의 모임이 이사회이다. 모두 주주들의 대리기관이다.

지배주주의 대리인인 각 개인으로서의 '이사'와 이사들의 회의체인 '이사회'도 경영권이 있다. 이 경영권을 행사하여 사업을 발굴하며 제품을 생산하고 판로를 개척해 판매함으로써 기업의 존재 이유인 수익을 거둔다. 그러나 이사와 이사회의 경영권은 본질적으로 지배주주의 경영권에서 유래한 대리권에 불과하고 기본적으로 '권한(權限)'이다. 지배주주의 경영권이 (주식)소유권에서 유래된 '권리'인 것과 차이가 있다. 권한이란 '타인(본인인 지배주주)을 위하여 일정한 법률 효과를 발생시킬 수 있는 자격'을 뜻한다. 이사의 경영권은 그에게 대리권을 부여하는 본인(지배주주)이 부여한 대리권의 취지를 넘어서는 행위를 해서는 안 된다는 한계가 있다. 따라서 이사의 경영권은 지배주주의 경영권에 종속되어야 한다.

가족기업의 경우 지배주주의 경영권과 대리인의 경영권이 일치한다. 전문경영인 체제의 경우는 대개 양자가 분리된다. 오늘날 우리나라에서는 지배주주의 경영권과 전문경영인의 경영권이 적절하게 조합된 하이브리드(hybrid)형 경영권 행사가 큰 힘을 발휘하고 있다. 한국의 소위 재벌그룹들의 지배구조는 대부분 이런 방식을 채택하고 있다.

6) 소유와 경영의 분리

가족기업처럼 소규모 기업의 경우에는 주주가 스스로 회사의 경영권을 행사한다. 그러나 대기업의 경우 반드시 지배주주가 경영을 하는 것은 아니며, 전문경영인에게 대리권을 수여하여 회사를 경영하도록 할 수 있다. 그 대리인을 우리는 이사라고 하고, 이사는 지배주주가 임명한다. 이를 '소유와 경영의 분리'라고 한다. 소유와 경영이 분리되면 회사의 주인인 지배주주는 대리인에게 가장 적은 비용으로 가장 높은 성과를 요구한다. 그러나 대리인인 이사 역시 사람이므로 여러 가지 문제를 일으킬 수 있고, 이 대리인을 관리할 비용이 필요하다. 이를 대리 비용(agency cost)이라 한다.

우리는 전문경영인 체제가 이상적인 기업 지배구조 모델이고, 소유자 경영은 나쁜 지배구조이므로 전문경영인 체제로 가야 한다는 이상한 편견에 사로잡혀 있다. 대주주 또는 지배주주의 경영권은 영속화되어서는 안 된다는 이해하기 어려운 사고방식도 여전하다. 이 때문에 재단을 통한 경영권 영속화는 허용해서는 안 된다는 사고방식, 그리고 자신의 재산권을 남에게 맡겨 관리해야만 한다는 논리도 빈약하고 인간 본성에도 맞지 않는 법리가 우리 사회를 지배하고 있다. 그 이유는 대기업에 대한 반감(反感) 때문이다. 법을 만드는 정치인들이 기업을 비판하여 그 반감을 이용해 표(票)를 얻는 데 몰두함으로써 그런 반감은 좀처럼 사라지지 않는다.

그러나 오히려 크레디트 스위스 연구소(Credit Suisse Research Institute)가 2006년부터 2022년까지 16년간 각국 가족기업 총 1,000여 개의 성과를 분석한 결과인 'The Family 1000: Family values and value creation' 발표 자료(2023년)를 보면, 가족기업이 전문경영인이 경영하는 기업에 비하여 최고 수준의 성장률, 높은 유동자산 비율, 낮은 부채 비율, 높은 수익률을 창출하였음을 알 수 있다.

자신의 돈을 투자한 지배주주가 직접 회사를 관리하든 제3자 대리인에게 관리를 위임하든 국가가 간섭할 필요가 없다. 경영권은 자신의 돈을 생산에 투입될 자본으로 만들고, 그 자본을 투입해 만든 사회적 실체인 기업에 대한 재산권 행사일 뿐이기 때문에 돈을 댄 그 개인에게 그 재산권 행사를 맡겨 두면 충분하다.

우리나라는 높은 주식 상속세(경영권이 이전되는 효과가 있는 주식 상속의 경우 최고 세율이 60%) 때문에 많은 기업이 고통을 받고 있다. 미국의 포드 재단(Ford Foundation), 빌 앤 멀린다 게이츠 재단(Bill & Melinda Gates Foundation), 챈 저커버그 재단(Chan Zuckerberg Initiative), 스웨덴의 발렌베리 재단(Wallenberg Foundation), 독일의 칼 자이스 재단(Carl-Zeiss-Stiftung) 등 미국과 유럽 각국은 대주주가 주식을 죽지 않는 재단에 기부하여 상속 문제를 해결하고, 재단 이사회에서 기업에 대한 의결권을 행사함으로써 실제로는 지배주주가 재단을 통해 간접적으로 기업을 지배한다. 우리는 이를 경영권의 영속화를 꾀하는 것으로 보아 상속·증여세법과 공정거래법에서 재단의 주식 보유와 재단에 대한 주식 증여를 엄격히 통제한다. 기업의 경영권을 재단에 넘긴다고 해서, 또는 재단을 통해 기업을 지배한다고 해서, 그리고 그 기업의 경영권을 재단을 통해 영속화한다고 해서 잘못된 것이 아니다. 기업의 안정적 승계와 발전을 위해 오히려 장려해야 할 일이다.

3 기업가와 혁신의 기업가정신

1) 기업가의 중요성

경제학적 의미에서 기업은 이윤을 추구하기 위해 재화나 서비스를 생산하는 경제 단위이고, 기업가는 이와 같은 경제 단위를 만들어 재화나 서비스를 생산하여 이윤을 추구하는 사람이다. '기업가'는 바로 '기업을 운영하는 사람을' 말한다.

그러나 기업가정신(entrepreneurship)에서의 기업가는 의미가 약간 다르다. 여기서는 단순히 제조업자나 상인을 뜻하거나 사주 또는 경영자를 일컫는 말이 아니다. 기업가정신의 의미를 탐구해 보면, 학자들은 기업가의 '혁신'과 '리더십' 그리고 '가치 창조'를 강조하고 있다. 그러므로 기업가정신에서 말하는 '기업가(entrepreneur)'란 '혁신을 통한 가치 창출을 실현하는 사람'으로, 현실에 안주하지 않고 지속적인 혁신활동을 수행하고 새로운 가치를 창조하며, 개인뿐만 아니라 조직 그리고 국가, 나아가 세계에도 영향력을 실현하는 사람이라고 할 수 있다.

슘페터(Joseph Schumpeter, 1883~1950)는 1912년에 발표한 『경제발전론(Theorie der wirtschaftlichen Entwicklung)』에서 "(자원의) 새로운 조합을 수행하는 것을 우리는 '기업한다(enterprise)'라고 말하고, 이런 역할을 수행하는 사람을 '기업가(entrepreneurs)'라고 말한다."라고 하였다. 이는 단순한 재화나 서비스의 생산을 넘어 '새로운 자원의 조합을 수행하는 사람'이 기업가정신에서 말하는 기업가임을 암시한다.

2) 기업가정신

'기업가정신'이란 기업의 발전을 위해 새로운 도전과 혁신활동을 함으로써 새로운 가치를 창출하는 기업가의 정신이다. 슘페터는 기업의 발전은 기업가정신에 달려 있다고 생각했다. 그는 기업이 성공하는 데 가장 중요한 요소로 바로 기업의 리더인 기업가에 주목했다. 기업가의 역할은 "발명을 활용함으로써, 또는 좀 더 일반적으로 아직 시험되지 않은 테크놀로지의 가능성을 활용함으로써, 생산의 패턴을 근본적으로 혁신하는 것이라고 보았다. 기업가는 오래된 사고 및 행동을 파괴하고 기존의 자원을 새로운 방식으로 재배치하기를 꺼려하지 않는다는 특징을 가진 사람이라 생각했다. 그는 혁신이란 장애, 타성, 저항을 극복하는 것이라고 하면서, "새로운 계획을 실행하는 것과 인습적 계획에 따라 행동하는 것의 차이는 길을 내는 것과 길을 따라 걷는 것의 차이와 같다."라고 했다. 기업가는 길을 내는 사람이다. 정주영 현대그룹 창업회장은 "길이 없으면 길을 찾고 찾아도 없으면 길을 닦아가면서 나가면 된다."라고 말했다. 최종현 SK그룹 선대회장은 1969년 폴리에스터 원사 공장 완공을 앞두고, "이미 나 있는 길을 걸어간 것이 아니다. 미리 정해 놓은 목표를 향해 길을 새로 만들면서 나아가는 것이다. 불가능해 보이는 목표도 끊임없이 도전하면 이루어낼 수 있다."라는 말을 남겼다.

기업가는 감히 위험을 감수하는 사람이라는 의견도 있다. 이와는 달리 여기에서는 혁신하는 사람을 기업가로 보기로 한다고 앞에서 이야기했다. 혁신이란 새로운 제품이나 생산과정을 상업시장에 성공적으로 도입하고 채택하는 것이다. 슘페터는 "우편마차를 아무리 이어붙인들 거기서 철도가 생겨나지는 않는다."라고 말했다. 그는 점진적 개선이 아니라 파괴적이고 불연속적인 획기적 비약(창조적 파괴)을 강조했다. 혁신은 새로운 제품, 새로운 생산 공정, 새로운 공급원, 새로운 시장, 새로운 조직 형태 등에서 찾을 수 있다고 설명했다. 성취는 끊임없는 창조적 파괴로 가능하며, 창조적 파괴가 없으면 지난날의 성공은 독이 될 수 있다는 경고도 했다. 기업가정신과 혁신 역량이 소진되면 기업은 급격히 몰락한다고 말했다.

3) 혁신에 대한 저항의 역사

혁신이라고 해서 인류가 열광만 해온 것은 아니다. 로마제국 2대 황제인 티베리우스(Tiberivs Caesar Avgvstvs, 기원전 42~37) 치하에서 깨지지 않는 유리를 발명한 사람이 엄청난 보상을 기대하며 황제를 찾아갔지만, 티베리우스는 그를 끌어내어 죽이라는 명령을 내렸다. 새로운 발명품이 가져올 경제적 역효과를 두려워했기 때문이다. 어떤 사람은 로마 성채인 카피톨리누스 언덕으로 육중한 기둥을 운반할 수 있는 기구를 만들었다며 로마제국 9대 황제인 베스파시아누스(Titus Flavius Vespasianus, 39~81)를 찾아갔지만, 황제는 "그럼, 백성을 어떻게 먹여 살리란 말인가?"라면서 그 발명품 사용을 거부했다. 1589년 윌리엄 리(William Lee)는 '양말 짜는 틀' 편물기계를 만들어 특허를 내기 위해 영국 여왕 엘리자베스 1세(Elizabeth I, 1533~1603)를 찾아갔다. 여왕은 "그대의 발명품이 나의 가엾은 백성에게 무슨 짓을 할지 생각해 보오. 이런 기계를 만들면 백성이 일거리를 모조리 빼앗기고 거지가 될 게 불을 보듯 뻔하지 않소."라면서 특허를 거부했다. 인쇄술 역시 금지되었고, 책의 원본을 베껴 써야만 했다. 18세기 초 이스탄불에서는 이렇게 베껴쓰는 일을 업으로 하는 필경사만 무려 8만 명에 달했다고 한다. 역사에서 이런 사례는 셀 수 없이 많다.

과거에는 혁신이 부정적인 의미로서, 충성으로부터의 이탈을 뜻했다. 프랑스의 종교 개혁가 칼뱅(Jean Calvin, 1509~1564)은 1561

년에 발간한 『기독교 강요(Institutio Christianae Religionis)』라는 책에서 "개인은 순종할 의무가 있으며, 자신의 의지로 '혁신'해서는 안 된다."라고 썼다. 그 당시 혁신은 자신이 충성을 맹세한 주인에서부터 자신에 이르기까지의 존재의 대사슬(great chain of being)에 어긋나는 불경스럽고 불충한 것이었다.

1548년 잉글랜드와 아일랜드의 국왕이었던 에드워드 6세(Edward VI, 1537~1553)는 '혁신이나 새로운 의식의 도입을 막기 위한' 칙령을 발표하기도 했다. 또한 영국의 정치인이자 철학자인 버크(Edmund Burke, 1729~1797)는 "혁신의 반란이 사회 구성요소들을 혼란과 방탕에 빠뜨린다."라고 말했다.

러다이트 운동(Luddite Movement)은 1811년부터 1817년에 일어난 기계 파괴운동, 정치활동, 식량 폭동, 노동조합운동 등을 포괄하는 대중운동을 말한다. 당시 나타나기 시작한 방직기가 노동자의 일자리를 줄인다는 걱정에서 비롯되었는데, 주로 20~30대의 젊은이로서 전통적인 수공업에 종사하는 숙련공, 도제들이 이 운동을 일으켰다. 러다이트 운동을 보면, 산업혁명이라든지 파괴적 혁신은 기존의 일자리를 없애기 때문에 위험하고 불필요한 것처럼 생각될 수도 있다.

1817년 영국의 법학자 벤담(Jeremy Bentham, 1748~1832)에 와서야 혁신이라는 단어가 비로소 긍정적인 의미로 사용되었다. 그가 "대담하고 혁신적인 주장"이라는 말을 칭찬의 의미로 썼기 때문이다.

자동차의 등장으로 말과 마부들이 일자리를 잃었다. 그러나 자동차로는 먼 길을 가는 것이 어렵지 않기 때문에 교외 대형 마트와 여관, 호텔, 유원지, 리조트, 휴양지 같은 신사업과 여행·관광 같은 산업이 나타났다. 컴퓨터의 발명으로 많은 전통적인 일자리가 줄었지만 컴퓨터 프로그래머, 컴퓨터 게임 개발자 등 수많은 직종이 새로 생겼다. 따라서 혁신이 반드시 실업을 유발하는 것은 아니다. 다만 미국 통계에 따르면 매년 일자리의 14%가 교체되고, 완전히 일자리를 잃어버리는 사람도 생겨난다. 해고 인원의 약 1.5%는 완전히 일자리를 잃는다고 한다. 혁신으로 완전히 일자리를 잃고 새로운 일자리를 찾지 못하는 인원은 반드시 생길 수밖에 없다.

18세기 초에는 100파운드의 면에서 손으로 실을 뽑아내는 데 5만 시간이 걸렸다. 1769년 발명된 아크라이트(Richard Arkwright, 1732~1792)의 수력 방적기(water frame)로는 300시간이 걸렸지만, 로버츠(Richard Roberts)가 그 후에 발명한 자동뮬(self-acting mule)로는 135시간이면 충분했다. 바로 혁신의 결과였다. 다시 과거로 돌아갈 수는 결코 없다.

장경덕의 『부의 빅뱅』에서는 끌로에(Chloé)의 창립자 아기옹(Gaby Aghion, 1921~2014)이 말한 "모든 것이 아직 발명되지 않았다. 그래서 나는 설렌다."라는 멋진 문구를 인용했다. 정주영 회장은 1983년 7월 신입사원 수련대회에서 "내가 평생 새벽 일찍 일어나는 것은 그날 할 일이 즐거워서 기대와 흥분으로 마음이 설레기 때문이다."라고 말했다. 델 테크놀로지스의 회장 겸 CEO인 마이클 델(Michael Dell, 1965~) 역시 "사람들이 더 많은 호기심을 갖지 않는 이유를 모르겠습니다. 나는 매일 아침 모든 새로운 것들을 배워야 한다는 설렘으로 눈을 뜨곤 했죠."라고 했다. 최종건 SK그룹 창업회장은 1964년 앙고라 제품을 개발하면서 "아이디어는 아주 가까이에 있다. 그러나 마음의 문을 열어 놓은 사람에게만 발견된다."라고 말했다. 그러면서 "'본다'는 것은 두 가지가 있다. 눈으로 보는 것과 마음으로 보는 것이다. 마음으로 보는 것은 꿰뚫어서 저 뒤의 가려진 부분까지 보는 것을 뜻한다."라고 했다. 가려진 부분까지 볼 수 있어야 혁신이 움튼다. 고객이 원하는 상품을 개발하는 것은 이미 늦다. 고객이 미처 깨닫지 못한 잠재 니즈(needs)를 찾아내려면 마음으로 보는 눈이 움직여야 보인다.

4) 혁신의 중요성

혁신을 통해 세상을 바꾸는 것이 기업과 기업가의 역할이다. 혁신은 생각으로부터 나온다. 케인스(John Maynard Keynes, 1883~1946)가 대공황 중에 했던 유명한 말을 빌리면, "세계를 지배하는 것은 대개 생각이다." 그는 경제사상이 세계를 변화시킨 정도는 증기기관이 세계를 변화시킨 정도보다 더 크다고 확신했다. 인간의 마음속에서 창의력을 해방시키는 것이 대풍요를 가져온 원동력이다.

조주완 LG전자 사장은 사내 팀장들과의 모임에서, "답은 항상 고객에게 있다는 믿음으로 과감한 도전과 끊임없는 혁신을 만들어 가는 '담대한 낙관주의자(Brave Optimist)'가 되자"며, "지금 우리가 무엇을 생각하고 행동하는지에 따라 우리의 미래가 정해질 것"이라고 강조했다. 이 또한 같은 맥락이다. 머리는 생각하라고 존재하는 것이다.

반도체 노광장비 '하이-NA EUV'를 만드는 네덜란드 반도체 핵심 기업 ASML의 최고경영자는 "혁신 인재를 데려올 수 없다면 우리가 그들이 있는 곳으로 가겠다."라면서, 인재가 있는 곳이면 외국이라 하더라도 기업 본사 자체를 그쪽으로 이전할 수 있다고 했다. 세계 최대 전자상거래업체 아마존(Amazon)의 3대 원칙은 고객 집착, 극단적인 혁신, 장기적인 시각이다. 이것이 '억만장자(billionaire)'를 넘어 '조(兆)만장자(trillionaire)'가 된 창업자 베이조스의 베조노믹스(Bezonomics)이다.

5) 혁신과 경쟁

워드프로세서에서 문서작업이 가능해져 타자기 제조업체는 더이상 타자기를 생산할 필요가 없어졌고, 수많은 타자수들이 직장을 잃었다. 전자식 자동교환기의 발명으로 전화교환수가 대부분 직장을 잃었다. 그렇다면 컴퓨터 발명가와 전자식 자동교환기의 발명가는 다른 사람들에게 손해를 끼친 것이며, 그 손해를 배

상해 주어야 하는가?

한강 작가가 노벨 문학상을 받고 한동안 서점 베스트셀러 코너에는 그의 작품이 1위를 비롯하여 상위권 전체를 차지하고 있었다. 다른 책은 그만큼 덜 팔렸을 수 있다. 그렇다면 한강 작가는 다른 작가들에게 보상을 해야 하는가?

빵집에서 단 하나 남은 빵을 내가 샀을 때 이후 내일까지 다른 사람은 빵을 살 수 없다. 그렇다면 나는 그 빵을 사서는 안 되는가?

세 가지 질문에 대한 정답은 모두 하나, '아니다'이다. 새로운 발명이 누구에겐가 손해를 끼친 것이라고 말할 수는 없다. 그렇게 보면 인간의 모든 행동은 남에게 피해를 주는 것이고, 내가 숨 쉬는 것, 살아 있는 것조차 누군가의 숨 쉬고 살아가는 것을 방해하는 것이 될 수 있다.

미국 조지메이슨 대학교 경제학과 교수인 부드로(Donald Joseph Boudreaux)가 말했듯이, 누구에게도 허용되어서는 안 될 자유가 있다면 자신이 선택한 것을 두고 다른 사람들에게 원조를 요구하는 것이다. 내가 책을 냈다고 내 책을 사 달라거나 다른 책은 사지 말라고 요구할 자격은 없다는 말이다. 각자 자기의 선택에 따라 최선을 다하면 된다.

혁신의 결과 새로운 제품이나 더 값싼 서비스가 나오면 경쟁력을 상실한 경쟁자들은 억울하다고 생각할 수도 있다. 열심히 일했고 많은 투자를 했는데도 더 재빠른 경쟁자에게 밀려났기 때문이다. 우리 국회는 2020년 일명 '타다 금지법'을 통과시켜 차량 호출 서비스를 할 수 없게 만들었다. 이 법률이 통과된 데에는 택시업계의 극심한 반발에 동조하는 국회의원들이 법안을 발의하고 다수의 힘으로 밀어붙였기 때문이다. 그 결과 세계에서 한국만 차량호출 서비스는 불법이 되었다. 택시업자들은 자신들이 경쟁자들의 공격에 희생될 뻔했다고 할 수 있다. 그러나 이런 생각이 지배하는 사회는 혁신을 망치고 결국 국민에게 더 좋은 서비스를 제공할 기회를 없애 버린다. 영국의 위대한 자유주의자 밀(John Stuart Mill, 1806~1873)은 1859년, "낙담한 경쟁자들이 경쟁에서 패배한 이러한 종류의 고통으로부터 면제받을 법적, 도덕적 권리는 사회에서 인정되지 않는다. 그리고 오직 성공의 수단이 일반적으로 허용되는 이윤 추구의 방식에 반하는 때에만 정부 개입이 정당화된다."라고 말했다.

시장경제의 중심에는 경쟁 정신이 있다. 모든 기업은 최고의 수익을 추구하고, 그렇게 하기 위해 독점을 원한다. 그러나 기업의 최종 목적은 경쟁이 아니다. 오로지 승리하기 위해 경쟁할 뿐이다. 기업의 목적은 경쟁사보다 더 좋은 제품을 만들어 더 싼값에 판매하고 더 빨리 배달하는 것이다. 혁신을 하지 못하는 기업은 혁신하는 기업에 밀려 시장에서 도태될 수밖에 없다. 그렇다면 한 기업의 혁신은 혁신을 하지 못하는 나머지 기업에게 큰 피해를 입히는 것이 아닌가? 아니다. 열심히 경쟁하는 것을 남에게 피해를 주는 것으로 이해해서는 안 된다. 혁신을 통한 경쟁은 경쟁업체보다 훨씬 큰 집단인 소비자 전체의 후생과 인류의 복지와 안전, 그리고 문명의 발전에 크게 기여하기 때문이다.

6) 파괴적 혁신과 존속적 혁신

하버드 대학교 교수였던 크리스텐슨(Clayton Magleby Christensen)은, "혁신에는 '파괴적 혁신(disruptive innovation)'과 '존속적 혁신(sustaining innovation)'이 있다고 했다. 파괴적 혁신은 현재 시장의 대표적인 제품의 성능에도 미치지 못하는 제품을 도입해 기존 시장을 파괴하고 와해시키며 새로운 시장을 창출하는 것을 말한다. 일반적으로 기존에 고객이 아니던 사람이나 덜 까다로운 고객을 사로잡는, 간단하고 편리하고 저렴한 제품들을 출시하는 전략이 여기에 속한다고 볼 수 있다."라고 말했다.

슘페터가 강조한 것도 파괴적 혁신이었다. 파괴적 혁신은 과거의 방식을 단순히 개선하는 것이 아니라, 완전히 새로운 방식으로 변모하는 것을 의미한다. 1956년 노스 캐롤라이나 주의 한 담배 트럭 운송업자는 선적 컨테이너를 도입해 물류에 혁신을 일으켰다. 이처럼 기존의 틀을 깨고 새로운 방식을 찾아내는 것도 혁신이다.

이에 대해 존속적 혁신은 과거보다 더 나은 성능의 고급품을 선호하는 고객을 목표로 기존 제품을 지속적으로 개선해 보다 높은 가격에 제공하는 전략이다. 이를 비파괴적 혁신이라고 할 수 있겠다. 오늘날 식당 등에서 셀프 서비스라는 것을 흔히 볼 수 있는데, 1919년 멤피스의 한 매장인 피글리위글리(PiglyWigly)에서 셀프 서비스를 도입해 식료품점을 혁신하고 인건비를 절약한 것은 전형적인 비파괴적 혁신 또는 존속적 혁신이라고 할 만하다.

비파괴적 혁신으로도 새로운 시장이 열릴 수 있다. 프랑스 경영대학원 인시아드의 김위찬(W. Chan Kim) 교수와 마보안(Renée A. Mauborgne) 교수는 2023년 그들의 저서『비욘드 디스럽션(Beyond Disruption), 파괴적 혁신을 넘어』에서 기존 시장을 파괴하지 않고 새로운 시장을 창조하는 혁신이 가능하다고 강조한다. 이들은 "최근 주목받는 인공지능(AI) 역시 비파괴적 혁신의 수단이 될 수 있다."라고 했다. "심장질환 치료제로 개발된 비아그라, 접착력이 약한 '실패작' 접착제로 만든 포스트잇, 재사용 로켓으로 위성·탐사선 발사 비용을 획기적으로 낮춘 일론 머스크의 우주기업 스페이스엑스도 비파괴 혁신의 예"라면서, 앞으로 AI 기술이 적용된 많은 비파괴적 혁신 제품이 나올 것임을 예측했다.

7) 혁신과 노력

혁신을 이루는 방법은 무엇인가? 혁신은 그냥 되는 것이 아니다. 루이스 캐럴(Lewis Carroll, 1832~1898)의『거울 나라의 앨리스

(Through the Looking-Glass and What Alice Found There)』에 나오는 붉은 여왕은 자기가 서 있는 자리를 지키기 위해서는 더욱 더 빠르게 뛰지 않으면 안 되는데, 바로 현재 우리들의 삶과 마찬가지이다. 혁신은 다른 사람보다 2배 더 빨리 뛰어야 이룰 수 있다.

미국의 경영학자 피터 드러커(Peter Ferdinand Drucker, 1909~2005)는 『위대한 혁신』에서 '어떤 방법으로 혁신을 이루어야 하는가?'라는 질문에 다음과 같이 답했다.

> "혁신은 엄청난 근면과 인내심, 책임감을 요구하는 아주 힘든 노력이라고 할 수 있다. 그 노력은 목표가 분명해야 하고 초점도 놓치면 안 된다. 이런 노력이 없다면 자질, 천재성, 지식도 아무런 소용이 없다."

위대한 혁신은 번뜩이는 천재성의 결과물이 아니라 힘든 노력의 결실이다. 진보는 점진적이고, 세상은 지루한 도약으로 발전한다. 혁신은 우연한 순간에 귀중한 것들과의 만남, 혹은 깨달음을 뜻하는 통찰이나 직관, 영감이 떠오른다는 의미의 '에피파니(epiphany)'처럼 갑자기 오는 것이 아니라, 그림 맞추기의 마지막 퍼즐처럼 이미 거의 완성된 단계에서 일어난다. 별 볼일 없어 보이는 아이디어 1천 가지가 쌓여야 획기적이고 좋은 아이디어 하나가 나온다. 혁신은 과학자나 기업인만이 하는 것이 아니다.

혁신을 하기 위해서 반드시 과학자일 필요는 없다. 인문학자, 역사학자, 정치인, 군인, 예술가도 혁신가가 될 수 있다.

혁신가는 주의 깊은 관찰자들이다. 다빈치(Leonardo da Vinci, 1452~1519)는 모나리자를 1503년에 그리기 시작하여 1517년에 완성했다. 그는 단순한 화가가 아니었다. 인체와 동물 해부학, 기계학, 수학, 천문학, 음악, 식물학 등 인류의 생활과 관련 있는 거의 모든 분야에 관심을 보였고 주의 깊게 관찰했다. 해부학에도 깊은 관심을 보여 인간에게 표정을 만들어 내는 얼굴의 근육을 이해하고, 특히 입술 근육의 미묘한 움직임에서 찾아낸 것이 '모나리자의 미소'였다고 한다.

새로운 거래방식도 혁신이 된다. 1100년대 로마와 바티칸은 대출을 통한 이익 창출은 절대로 불가능하다는 입장을 확실히 했다. 당시는 대출을 '고리대금업'이라 했는데, 『단테의 신곡(La Commedia Di Dante Alighieri)』'지옥편(Inferno)'에서 단테는 고리대금업자를 동성애자와 같은 급으로 취급했다. 프란치스코 수도회(Ordo Fratrum Minorum, Franciscans)는 고리대금업을 '화폐 사이의 간통으로 태어난 존재'라고 규정했으며, 일부 수도사들은 흑사병을 두고 고리대금업자에게 신이 내리는 형벌이라고 주장하기도 했다. 교황청은 꼭 이자가 높지 않아도 조금이라도 이자를 붙이면 고리대금업이라고 정의했는데, 최초 대출금보다 더 많이 돌려받으면 그것이 바로 고리대금업이었다.

피렌체에서 은행업을 하던 조반니 디 비치 데 메디치(Giovanni di Bicci de' Medici, 1360~1429)는 오늘날 국제무역에서 많이 사용되는 환어음(bill of exchange)을 이용해 고리대금업의 비난을 피해갔다. 그는 고리대금업이 대출에만 해당된다는 것을 깨달았다. 돈을 빌려주고 다른 곳에서 다른 화폐로 돌려받는 영업을 했는데, 이것은 대출이 아닌 환전이 된다. 돌려받는 날짜와 두 화폐 간의 환율을 조정하면 적정 수준의 이익을 얻을 수 있었고, 환전 수수료까지 챙길 수 있었다. 이렇게 그는 이탈리아 최고의 은행가가 되었다. 외교관, 성직자 그리고 순례자들도 현금을 들고 다니는 대신 메디치 은행의 환어음을 들고 외국을 여행했다. 이 같은 거래에는 꼼꼼한 기록이 필수였기에 그렇게 창안된 것이 오늘날까지 사용되고 있는 '복식부기(複式簿記)'이다. 규제는 혁신을 낳는다. 혁신은 이처럼 완벽하게 절망적인 환경에서도 살길을 찾아내는 능력이다.

혁신이 마구 분출하는 기업은 어떻게 만들어질까? '신뢰'를 기반으로 한 기업 문화를 만들어야 한다. CEO부터 하급 직원까지 임직원 간에 신뢰가 있어야 한다. 그래야만 임직원들이 끊임없이 창조하고 혁신할 수 있는 토대가 마련된다. 직원들이, '휴일이 지겹다. 회사에 가고 싶다'는 마음이 들게 해야 한다. 직원들이 매일 아침 출근하고 싶은 일터를 만들고 유지하는 것이 CEO가 해야 할 일이다.

8) 기업가를 움직이는 추동력

기업가를 움직이는 추동력은 무엇인가? 돈 때문이다. 1775년 런던의 문학가 새뮤얼 존슨(Samuel Johnson, 1709~1784)은 "돈벌이만큼 인간이 순수하게 종사할 수 있는 일은 없다."라고 단언했다. 돈벌이는 신성한 것이다. 굳이 돈 때문이 아니라고 강변할 필요는 없다. 정치인이나 관리가 아닌 보통사람은 발언권이 없지만 시장에서는 돈이 발언권이다. 돈이 많은 사람은 그만큼 발언권이 크다. 돈은 자유의 표상이다. 돈이 많으면 하고 싶은 많은 일을 자유롭게 할 수 있다. 여행을 가고, 좋은 차를 사고, 좋은 옷을 입고, 맛있는 걸 자유롭게 선택해 맛볼 수 있다. 뿐만 아니라, 다양한 형태의 채무에 대하여, 때로는 마음의 빚에 대하여까지 돈(위자료)으로 갚을 수 있다. 선한 일도 얼마든지 할 수 있는데, 선한 일을 하는 데는 돈이 들기 때문이다. 심지어는 행복까지 돈으로 살 수 있다. 그러므로 누가 한 말인지 모르지만 "돈을 애인처럼 사랑하라. 사랑은 기적을 보여 준다."라고 했다.

실비아 나사르((Sylvia Nasar, 1947~)는 『사람을 위한 경제학』에 슘페터가 생각했던 기업가를 움직이는 추동력을 현대적 맥락에 맞게 재조명하여 다음과 같이 정리하였다.

첫째, 기업가를 움직이는 추동력은 돈에 대한 사랑이 아니라 '왕조 건설의 욕망'이다. 왕조 건설의 욕망이란 나만의 제국을 건설하겠다는 충동과 의지를 말한다. 경쟁하고 정복하려는 의지와 나만의 제국을 건설하겠다는 욕망이 기업가를 움직인다는 것이다. 특히 나만의 제국에서 왕이 되는 것은 강력한 유혹이다. 그 제국을 영원히 다스리고, 자손에게 넘겨주는 것은 이 세상에 인간으로 태어나 해볼 만한 일이다. 제국의 왕은 자신이 건설한 이 제국을 자기 의지대로 다스릴 수 있는데, 그 제국은 천국 같을 수도 있고 지옥 같을 수도 있다. 당연히 보통 왕은 자기가 지배하는 세상이 천국이기를 희망한다. 그래야 남들로부터 존경을 받기 때문이다. 문제는 이 왕국을 어떻게 지키는가이다. 누구든 왕조의 문을 닫은 자(후손)라는 오명을 쓰고 싶어하지 않는다. 기업이 생존 자체도 어려운데, 온갖 장애를 딛고 조금이라도 성장하려면 끊임없이 적응하고 혁신하지 않으면 안 되는 것이다.

왕국을 지키려면 승계문제가 가장 중요하다. 유능한 후계자를 키워야 한다. 역사상 최고의 정치·군사 천재로 일컬어지는 카이사르(Gaius Julius Caesar, 기원전 100~44)는 아들이 없었는데, 누이 율리아의 딸이 낳은 가이우스 옥타비아누스(카이사르의 누나 율리아의 외손자)를 양자로 삼는다는 유언을 남겼다. 옥타비아누스는 로마 초대 황제 아우구스투스(Imperator Caesar divi filius Augustus, 기원전 63~14)가 되었지만, 그 역시 아들이 없었다. 결국 아우구스투스의 아내 리비아 드루실라와 그녀의 전남편 티베리우스 클라우디우스 네로 사이에서 낳은 아들인 티베리우스(Tiberius Julius Caesar Augustus, 기원전 42~37)를 양자로 입양해 제위를 물려주었다.

로마의 황제 중에는 양자가 대단히 많았다. 형제자매의 후손, 핏줄이 섞이지 않은 유능한 장군을 양자로 입양했다. 황제 하드리아누스(76~138)는 안토니누스 피우스를 양자로 입양했는데, 그때 안토니누스의 나이는 쉰두 살이었다. 당시 평균 수명을 고려하면 이미 노년에 든 사람을 양자로 들인 것이었다. 안토니누스는 로마에서 남쪽으로 약 30킬로미터 떨어진 라누비움(Lanovium, 오늘날의 라누비오)에서 할아버지와 아버지가 집정관인 가문의 아들로, 자신도 120년에 집정관의 자리에 오른 인물이다. 로마 제국에서는 심지어 속주의 유능한 장군을 양자로 삼기도 했다. 로마 황제는 총 77명으로, 출신지를 살펴보면 발칸반도 지역 출신이 24명으로 가장 많았다. 그들 대부분이 하층민 출신이었고, 군대가 추대한 경우가 많았다. 로마는 이러했기 때문에 2,206년이라는 긴 기간 제국을 유지할 수 있었다. 아들은 선택할 수 없지만 후계자는 선택할 수 있다. 그러므로 유능한 후계자를 키우면 된다.

둘째, 지배하고 투쟁하고 남들로부터 존경받겠다는 욕망이다. '욕구 5단계설'을 주창한 미국의 심리학자 매슬로(Abraham Harold Maslow, 1908~1970)는, "인간은 가장 하위 단계인 생리적 욕구를 시작으로 안전의 욕구가 충족되면 소속과 사랑의 욕구를 추구한다. 최상의 욕구는 존경과 자아실현 욕구이다."라고 말했다.

애덤 스미스는 「도덕감정론」에서 "실제로 우리는 세상 사람들이 지혜로운 사람, 도덕적인 사람보다는 부자와 권력자들에게 존경심 가득한 눈길을 던지는 모습을 자주 목격한다", "부유함으로 얻을 수 있는 다른 어떤 이익보다, 세상의 주목을 받는다는 벅차오르는 감격, 바로 그런 기분을 느끼고 싶어 사람들은 부자가 되려고 한다"고 말했다.

존경을 받기 위해서는 다른 사람에게 가치 있는 일을 해야 한다. 미국 경제 연구소(AEIR: American Institute of Economic Research)의 터커(Jeffrey Albert Tucker)는 2019년에 발표한 『시장은 인간을 사랑한다(The Market Loves You)』에서 "경제학은 단순히 돈을 버는 것이 전부가 아니다. 동시에 다른 사람들과 자신에게 가치 있는 일을 할 기회도 경제학에서는 중요하다."라고 말했다. 여기서 경제학이란, 학문으로서의 경제학뿐만 아니라 상업활동까지 포함하는 넓은 의미를 가진다.

셋째, 창조하는 기쁨, 성취하는 기쁨 혹은 자신의 에너지와 독창성을 발휘하는 기쁨이다. 자신의 성취는 자랑이자 기쁨이며, 승계를 통하여 영원히 존속되기를 원한다. 과거 왕들의 경우 수많은 유물을 남겨 본인의 치세 동안 일구었던 수많은 업적을 후손들이 기억하도록 하는 데 최선을 다했다.

인생에서 성공하고 부자가 되는 유일한 길은 다른 사람의 것을 빼앗는 것이 아니라 다른 사람을 만족시키는 것이다. 다른 사람이 무엇을 원하고 생각하는지를 알아내 그것을 가장 적절하게 제공해 주는 것이다. 자동차의 왕 헨리 포드, 빌 게이츠, 스티브 잡스 같은 사람, 한국 최고 경영자들로 일컬어지는 정주영(현대), 이병철(삼성), 최종현(SK), 구인회(LG), 조중훈(한진), 이원만(코오롱), 김연수(삼양사), 박태준(포스코), 박두병(두산), 김성곤(쌍용) 같은 사람들이 그런 사람들이다. 미래의 자기 위치와 성공 여부는 자신이 어떻게 하느냐에 달려 있다.

4. 맺음말 : 기업가정신이 발휘될 수 있는 환경

기업가정신을 발휘하는 데는 일정한 환경이 뒷받침되어야 한다. 강력한 재산권 보호는 기본이고, 자유무역이나 안정된 통화도 중요하다. 평등한 기회와 무역만 가능하다면 혁신은 인구, 영토, 자원의 제약을 상쇄할 수 있다. 무엇보다도 슘페터는 기업가의 생존에 핵심이 되는 열쇠는 값싸고 풍부한 신용(자금 조달의 가능성)이라고 했다. 혁신에 필요한 저금리와 풍부한 신용을 얻기 위해서는 원활하게 작동하는 신용시장과 튼튼한 은행제도가 필수적이다.

하버드 대학교 역사 및 경제학 교수였던 랜즈(David Saul Landes, 1924~2013)는, "전 세계에서 이자율이 가장 높은 곳은 가장 가난한 나라들이다. 이러한 저개발 국가는 은행은 적으나 돈놀이꾼은 많고, 투자는 적으나 사재기는 많고, 신용은 없으나 고리대금은 많은 나라들"이라고 했다. 그는 "불경기는 호황에 의해 촉발된 변화된 조건에 적응하는 과정이다."라고 말했다.

현재 많은 기업들이 한계 상황에 직면해 있다. 환경 변화에 적응하지 못하고 혁신을 통한 한계를 극복하지 못했기 때문이기도 하지만, 어떤 업종은 자연히 쓸모없어진 것도 있다. 비디오 대여점, 타자기 제조업, 사진필름 제조업 등 많은 업종이 현재는 없어졌다. 그러나 일본의 후지필름(FUJI FILM)의 사례에서 기업의 변신을 목도할 수 있다. 오늘날 필름 카메라는 전문 사진가가 주로 사용하는 물건이 되어 필름 자체에 대한 수요가 대폭 줄었다. 그러나 후지필름은 화학물질에 대한 수십년 간의 축적된 연구를 활용하여 콜라겐 화장품 회사로 거듭났고, 나아가 카메라에 적용되었던 광학기술을 이용해 내시경 등을 생산하는 의료장비 회사로 변신하였다.

이처럼 업종들의 죽음은 인간들의 죽음만큼 불가피한 일이다. 반면에 성공한 경제의 특징은 위기와 불황이 없다는 것이 아니라, 위기와 불황에서 잃은 것을 투자 호황기에 메우고도 남는다는 것이다. 자전거가 쓰러지지 않으려면 계속 움직여야 하듯, 경제 안정에는 지속적인 변화가 필요하며, 자유경제체제(자본주의 시대)의 경제발전은 호황과 불황의 교체가 반복될 수밖에 없다. 여기서 자본주의는 경제적으로 안정적인 체제, 심지어 점점 안정적인 체제로 끊임없이 계속 발전할 수밖에 없다. 그 이유는 자본주의가 인간의 본성에 가장 적합하며, 다른 대안은 존재하지 않기 때문이다.

끝으로 강조하고 싶은 것은 '사람'이다. 최종현 선대회장은 1970년대 충주 인등산에서 나무를 심으면서, "나무를 기르듯 인재를 키운다."라고 말했다. 1980년 7월 전경련 강연 중에도, "기업경영에서는 사람이 가장 중요하다. 첫째도 인간, 둘째도 인간, 셋째도 인간이다. …… 나는 일생을 통해 80%는 인재를 모으고 기르고 육성하는 데 시간을 보냈다."라고 했다. 인간만이 무언가를 혁신할 수 있다.

한 인간이 역사 속에서 수행한 역할의 크기를 과소평가해서는 안 된다. 기업가정신으로 무장한 기업가의 일평생의 역할을 절대 쉽게 보지 말아야 한다. 삼성그룹 이병철·이건희, 현대그룹 정주영·정몽구, LG그룹 구인회·구본무, SK그룹 최종건·최종현, 코오롱그룹 이원만·이동찬, 롯데·농심그룹 신격호·신철호 그 외 수 많은 기업가들, 별처럼 빛나는 이러한 영웅들이 대한민국의 오늘을 만들었다.

참고문헌

- 김영용, 『기업』, 프리이코노미스쿨, 2014.
- 송성수, 『한국인의 발명과 혁신』, 이음, 2024.
- 안재욱, 『흐름으로 읽는 시장경제의 역사』, 지식발전소, 2022.
- 이건희 외, 『SK그룹 최종현 연구』, 수서원, 2001.
- 장경덕, 『부의 빅뱅』, 중소기업신문, 2024.
- 정주영, 『이땅에 태어나서 - 나의 살아온 이야기』, 솔, 1998.
- 최준선, 『회사법』, 제20판, 삼영사, 2025.
- 中野明(나카노 아키라), 고은진 옮김, 『클레이튼 크리스텐슨의 파괴적 혁신』, 비즈니스맵, 2010.
- 本村凌二(모토무라 료지), 서수지 옮김, 『로마사를 움직이는 12가지 힘』, 사람과 나무 사이, 2023.
- Ed Conway, Material World; 이종인 옮김, 『물질의 세계』, 인플루엔셜, 2024.
- Deirdre Nansen McCloskey & Art Carden, 임경은 옮김, 『당신이 모르는 자유주의』, 한국경제신문, 2024.
- Daron Acemoglu & James A. Robinson, Why Nations Fail; 최완규 옮김, 『국가는 왜 실패하는가』, 시공사, 2012.
- Lynne Kiesling, The Essential Ronald Coase; 권혁철 옮김, 『로널드 코스라면 어떻게 해결할까』, 지식발전소, 2022.
- Russel S. Sobel, Jason Clemens, The Essential Joseph Schumpeter; 권혁철 옮김, 『슘페터는 왜 혁신을 말했을까』, 지식발전소, 2023.
- Sylvia Nasar, Grand Pursuit: The Story of Economic Genius; 김정아 옮김, 『사람을 위한 경제학』, 반비, 2013.
- Tom Holland, PAX: War and Peace in Rome's Golden Age; 이종인 옮김, 『팍스: 로마 황금시대의 전쟁과 평화』, 책과함께, 2024.
- Thomas Robert Malthus, An Essay on the Principle of Population, 『인구론』(人口論), 1798.

- Tyler Cowen, Big Business; 문직섭 옮김, 『기업을 위한 변론』, 한국경제신문, 2019.
- William Magnuson, For Profit: A History of Corporations; 조용빈 옮김, 『기업의 세계사』, 한빛비즈, 2024.

기업의
존재 이유와

사내
기업가정신

신현한

연세대학교 경영학과 졸업
미국 오하이오 주립대학교 경영학박사
연세대학교 경영대학 재무관리 교수
한국경영인학회 Governance Initiative 위원장
저서: 「밸류업」, 「파이낸셜 스토리텔링」 등 다수

1 들어가며

이 글에서는 기업가정신이 무엇인지, 그리고 왜 중요한지를 설명하고, 기업가정신을 조직 문화로 정착시키기 위한 방법을 제시해 보고자 한다. 기업은 단순히 돈을 버는 것만이 아니라, 사회에 도움이 되는 가치를 만들어 내고, 오랫동안 성장할 수 있도록 노력해야 하는 중요한 경제 주체이다. 이를 성공적으로 해내기 위해서는 기업가정신을 바탕으로 조직의 모든 구성원이 자율적이고 창의적으로 일할 수 있는 환경을 만들어야 한다.

이 글은 세 가지 주제로 내용을 전개한다. 먼저, 기업이 왜 존재하는지와 사회에서 어떤 역할을 하는지를 설명하며, 기업가정신이 왜 필요한지를 강조한다. 다음으로, 기업가정신을 실천하기 위해 필요한 요소와 방법을 살펴본다. 마지막으로, 기업가정신을 훌륭하게 실천한 기업들의 실제 사례를 소개하며, 이를 통해 배울 수 있는 교훈을 제시한다.

　이 글을 읽을 때 다음 세 가지를 염두에 두면 좋다. 첫째, 기업가정신은 경영진이나 특정 부서만이 아니라, 모든 구성원이 함께 실천해야 하는 중요한 가치라는 점이다. 둘째, 글에서 소개하는 사례들은 각 기업이 처한 상황에서 성공한 사례이므로, 이를 그대로 따라 하기보다는 기업의 특성에 맞게 적용하는 것이 중요하다. 마지막으로, 기업가정신은 단기적인 이익을 목표로 하는 것이 아니라, 장기적인 성장과 지속 가능한 미래를 만들어 가는 과정이라는 점을 기억해야 한다.

2 기업의 존재이유

　기업은 돈을 버는 것뿐만 아니라 사회와 경제에 필요한 가치를 만들어 내고 책임을 다해야 하는 중요한 조직이다. 기업은 네 가지 핵심 역할을 통해 사회의 지속 가능한 발전에 기여한다. 그것은 경제적 효율성을 높이고, 가치를 창출하며, 사회적 책임을 실천하고, 혁신을 이끄는 것이다.

1) 경제적 효율성 증대

　기업은 자원을 효율적으로 사용하여 생산성을 높이는 역할을 한다. 경제학자 코스(Ronald Coase)의 거래비용 이론에 따르면, 기업은 시장에서 개별적으로 거래할 때 발생하는 비용을 줄이고 내부적으로 업무를 처리하면서 효율성을 높일 수 있다. 예를 들어 가구를 만드는 과정 전체를 한 회사에서 관리하면 유통비용이 줄어들고 생산성이 올라간다. 또한, 기업은 규모의 경제를 활용하여 비용을 낮추고 제품을 더 저렴하게 공급할 수 있다. 이렇게 기업이 효율적으로 운영되면 사회 전체의 경제가 발전하는 데도 도움이 된다.

2) 가치 창출

그저 돈을 버는 것 외에 기업은 사람들이 필요로 하는 제품과 서비스를 제공하여 가치를 만들어야 한다. 고객이 만족할 수 있는 제품과 서비스의 개발은 기업의 성공과 직결된다. 이윤은 가치 창출의 결과일 뿐, 그 자체가 기업의 유일한 목적이 되어서는 안 된다. 예를 들어 혁신적인 기술을 활용해 사람들의 생활을 편리하게 해주는 제품을 만든 기업은 고객의 신뢰를 얻고 꾸준히 성장할 수 있다. 결국 기업은 사회의 변화에 맞춰 지속적으로 새로운 가치를 창출해야 한다.

3) 사회적 책임 이행

오늘날 기업은 단순히 돈을 많이 버는 것을 넘어서 환경 보호, 지속 가능성, 사회적 불평등 해소 같은 문제에도 관심을 가져야 한다. 사회적 책임을 다하는 기업은 소비자와 투자자로부터 신뢰를 얻고, 직원들에게도 긍정적인 영향을 미친다. 예를 들어 환경을 보호하기 위해 탄소 배출을 줄이는 친환경 경영을 실천하는 기업은 사회적으로 좋은 평가를 받으며 장기적으로도 경쟁력을 유지할 수 있다. 이렇게 기업이 사회적 책임을 다하면 단기적인 이익뿐만 아니라 장기적인 성공도 이루어 낼 수 있다.

4) 혁신과 발전 주도

기업은 변화하는 환경에 적응하며 새로운 기술과 아이디어를 활용해 혁신을 이끌어야 한다. 특히 4차 산업혁명이 진행되면서 인공지능, 빅데이터, 사물인터넷 같은 첨단 기술이 발전하고 있으며, 기업은 이러한 변화를 주도하는 역할을 맡고 있다. 혁신을 통해 기업은 기존의 한계를 뛰어넘고 새로운 기회를 만들어 나간다. 예를 들어 새로운 비즈니스 모델을 개발한 기업은 기존 시장의 틀을 깨고 새로운 산업을 창출할 수 있다. 이런 혁신은 경제발전뿐만 아니라 일자리 창출에도 기여한다.

결론적으로, 기업은 돈을 버는 조직이자, 경제적 효율성을 높이고, 사회에 가치를 제공하며, 사회적 책임을 실천하고, 혁신을 이끌어 가는 중요한 주체이다. 기업이 이윤만을 추구하는 것이 아니라 사회적 가치를 창출할 때 더 많은 사람들의 지지를 얻을 수 있으며, 이를 통해 장기적으로 지속 가능한 성장을 이룰 수 있다. 변화가 빠르게 진행되는 현대 사회에서 기업은 이 네 가지 역할을 실천하며 경제와 사회발전을 이끄는 핵심적인 존재가 되어야 한다.

3. 기업의 존재 이유를 수행하기 위한 기업가정신

 기업이 제대로 역할을 하기 위해서는 기업가정신이 꼭 필요하다. 기업가는 단순히 회사를 관리하는 사람이 아니라, 변화하는 환경 속에서 새로운 기회를 찾아 도전하고, 문제를 해결하며, 위험을 관리하고, 가치를 만들어 내는 중요한 역할을 한다. 또한, 조직을 효과적으로 운영하고 직원들과 함께 성장해 나가도록 이끌 수 있어야 한다. 이런 기업가정신이 발휘될 때 기업은 사회와 경제에 긍정적인 영향을 미치면서 지속적으로 발전한다.

1) 혁신과 도전 정신

 기업가는 새로운 것을 시도하고 변화를 두려워하지 않는 태도가 필요하다. 사회와 경제 환경은 빠르게 변하고 있으며, 기업이 과거의 방식에만 머물러 있다면 경쟁에서 뒤처질 수밖에 없다. 혁신이란 단순히 새로운 기술을 개발하는 것이 아니라, 기존의 방식에서 벗어나 더 나은 해결책을 찾는 과정이다. 예를 들어 사람들이 불편을 느끼는 부분을 찾아 해결한 새로운 제품이나 서비스를 개발하는 것이 기업가의 중요한 역할이다. 이렇게 혁신과 도전 정신을 갖춘 기업가는 새로운 시장을 개척하고 기업을 성장시킨다.

2) 문제 해결 의지

기업을 운영하다 보면 예상치 못한 문제들이 끊임없이 발생한다. 기업가는 이러한 문제를 피하지 않고 해결하려는 의지를 가져야 한다. 문제를 해결하려면 먼저 상황을 정확하게 분석하고, 창의적인 해결책을 찾아야 한다. 또한, 기업가는 혼자 모든 것을 해결할 수 없으므로 직원들과 협력하여 모색해야 한다. 예를 들어 생산 비용이 증가하거나 시장에서 경쟁이 심해졌을 때, 기업가는 새로운 전략을 고민하고 이를 실행할 방법을 찾아야 한다. 문제 해결 능력이 뛰어난 기업가는 위기를 기회로 바꾼다.

3) 자기 주도성

기업가는 다른 사람이 시켜서 움직이는 것이 아니라, 스스로 목표를 세우고 실행하는 태도가 필요하다. 자기 주도성이란 주어진 상황에서 수동적으로 행동하는 것이 아니라, 능동적으로 기회를 찾고 새로운 길을 개척하는 능력이다. 예를 들어 소비자의 취향이 변하는 것을 빠르게 파악하고 이에 맞는 새로운 제품을 개발하는 기업가는 시장에서 앞서 나갈 수 있다. 또한, 자기 주도적인 기업가는 끊임없이 배우고 정보를 수집하면서 변화에 빠르게 대응하는 능력을 갖춘다.

4) 위험 관리 능력

기업을 운영하는 과정에는 항상 위험이 따르며, 이를 제대로 관리하지 못하면 기업이 큰 어려움을 겪을 수 있다. 이 위험은 피해야 하는 것이 아니라 효과적으로 관리하고 대비해야 하는 요소이다. 기업가는 불확실한 상황에서도 기업을 안정적으로 운영하기 위해 위험을 분석하고 적절한 대책을 마련해야 한다. 예를 들어 새로운 사업을 시작할 때 예상되는 문제들을 미리 점검하고 대책을 세워 놓으면 위험을 줄일 수 있다. 이렇게 위험을 관리하는 능력은 기업이 지속적으로 성장하는 데 중요한 역할을 한다.

5) 가치 창출 지향성

기업의 목표는 돈을 버는 것에 그치지 않고 고객과 사회에 가치를 제공하는 것이다. 기업이 만든 제품이나 서비스가 사람들의 삶을 더 편리하게 하거나 사회에 긍정적인 영향을 준다면, 그 기업은 오래도록 성장할 가능성이 크다. 예를 들어 친환경 제품을 개발하는 기업은 환경을 보호하면서도 소비자들의 신뢰를 얻을 수 있다. 기업이 이윤만을 추구하기보다 장기적으로 사회에 어떤 가치를 제공할 수 있는지 고민하는 것이 중요하다.

6) 리더십과 조직 운영 능력

기업가는 단순히 사업 아이디어를 실행하는 사람이 아니라, 조직을 이끌고 직원들과 협력하여 성과를 내는 리더가 되어야 한다. 리더십이 있는 기업가는 직원들이 능력을 최대한 발휘할 수 있도록 돕고, 조직 전체가 같은 목표를 향해 나아가도록 이끈다. 또한, 조직 내에서 창의적인 아이디어가 나오도록 환경을 조성하고, 협력을 통해 더 좋은 결과를 만들어 낼 수 있도록 해야 한다. 예를 들어 기업의 목표를 명확하게 제시하고 직원들이 그 목표를 달성하기 위해 함께 노력할 수 있도록 돕는 기업가는 조직의 성장과 발전을 이끌어 낸다.

결론적으로, 기업가정신은 기업가가 가져야 할 가장 중요한 요소이며, 기업의 성공과 사회적 기여를 결정짓는 핵심 요소이다. 혁신과 도전 정신, 문제 해결 의지, 자기 주도성, 위험 관리 능력, 가치 창출 지향성 그리고 리더십과 조직 운영 능력은 기업가가 반드시 갖춰야 할 자질이다. 이러한 기업가정신을 실천하는 기업가는 돈을 버는 것과 동시에, 사회와 경제에 긍정적인 영향을 미치며 지속 가능한 성장을 이끌어갈 수 있다.

4 기업가정신을 기업 문화로 정착시키기 위한 방안

 기업가정신을 기업 문화로 자리 잡게 하려면 모든 직원이 적극적으로 참여하고 창의적인 도전을 즐길 수 있는 환경을 만드는 것이 중요하다. 이를 위해 기업은 명확한 목표와 비전을 직원들과 공유해야 한다. 또한, 직원들이 스스로 판단하고 결정할 수 있도록 자율성을 부여하며, 실패를 두려워하지 않고 새로 시도해 볼 수 있도록 도와야 한다.

 이러한 환경이 만들어지면 기업은 단순히 성과만을 내는 조직이 아니라, 끊임없이 혁신하고 성장하는 조직으로 발전할 수 있다. 이렇게 되기 위해서는 구성원들이 자유롭게 아이디어를 내고 도전할 수 있도록 지원하는 문화가 필요하다.

1) 명확한 비전과 목표 공유

기업가정신은 명확한 목표와 비전을 바탕으로 실천된다. 기업이 장기적인 목표를 직원들과 공유하면, 그들은 자신의 역할이 무엇인지 깨닫고 더 적극적으로 일할 수 있다. 명확한 비전은 직원들에게 일의 의미와 가치를 알려 주고, 좀 더 열심히 일할 동기를 부여한다. 예를 들어 기업이 '혁신을 통해 사회에 도움이 되는 가치를 만들겠다'는 비전을 세우면, 직원들은 단순히 업무를 수행하는 것이 아니라 사회에 기여하고 있다는 확신을 가질 수 있다. 이 같은 비전이 있을 때, 직원들은 더 적극적으로 목표를 향해 나아가고, 기업의 성장에도 기여한다.

사례 : IBM의 참여적 비전 수립과 기업 문화 정착 전략

IBM은 '밸류잼(Value Jam)'이라는 프로그램을 통해 조직 구성원들이 비전 수립 과정에 직접 참여할 수 있게 했다. 2003년에 시작된 이 프로그램은 IBM의 전 세계 직원들이 72시간 동안 온라인으로 모여 회사 가치와 목표에 대해 논의하고 공유하는 방식으로 진행되었다. 이 과정에서 직원들은 IBM의 핵심 가치인 고객 성공에 대한 헌신, 혁신, 그리고 신뢰와 책임에 대한 의견을 제시하고, 이를 통해 조직의 비전과 목표를 명확히 정립했다.

IBM의 이러한 참여 기반 접근은 조직 내에서 비전과 가치가 일관되게 실천되도록 한다. 직원 참여와 소유권을 강조함으로써,

직원들은 조직의 목표와 가치에 대해 책임감을 느끼고, 이를 실천하는 데 적극적으로 참여하게 된다. 이는 IBM의 문화 혁신과 변화 관리에 중요한 역할을 하며, 조직이 지속적으로 발전하고 혁신할 수 있도록 돕는다.

IBM 문화의 주요 요소로는 개방적 소통과 협력이 있으며, 밸류잼은 직원들이 자유롭게 의견을 제시하고 논의할 수 있는 플랫폼을 제공한다. 이는 조직 내에서 개방적 소통과 협력을 촉진하며, 직원들이 조직의 방향성에 대해 깊이 이해하도록 돕는다. 또한 IBM의 문화는 혁신과 창의성을 강조하여 직원들이 새로운 아이디어를 제시하고, 이를 통해 조직이 지속적으로 발전할 수 있도록 지원한다. IBM의 핵심 가치 중 하나인 신뢰와 책임은 조직 내 모든 관계에서 중요하게 여겨지며, 이는 직원들이 고객, 동료, 그리고 조직 전체에 대해 책임감을 느끼고 행동하도록 동기를 부여한다.

IBM의 이러한 접근은 조직 내에서 비전과 가치가 일관되게 실천되도록 하고, 직원들이 조직의 목표에 대해 책임감을 느끼게 하여, 기업가 정신을 기업 문화로 성공적으로 정착시켰다.

2) 자율성과 창의성 장려

기업이 성장하고 변화하는 환경에 잘 적응하려면, 직원들이 자율적으로 일하고 창의적인 아이디어를 자유롭게 낼 수 있는 환경을 만들어야 한다. 업무 시간의 일부를 자신만의 프로젝트에 사용하도록 하면 창의적인 사고를 촉진하는 데 큰 도움이 된다. 또한, 직원들에게 스스로 결정할 권한을 주고, 주체적으로 업무를 추진할 자유를 보장하면 자연스럽게 새로운 아이디어가 나올 수 있다. 이런 환경이 조성되면 기업은 변화에 빠르게 대응하고, 새로운 기회를 찾을 수 있는 기반이 갖추어진다.

사례 : 구글의 '20% 시간' 정책

직원의 자율성과 창의성을 장려하는 대표적인 사례로 구글의 '20% 시간' 정책이 있다. 구글은 직원들이 업무 시간의 20%를 자신이 원하는 창의적인 프로젝트에 사용할 수 있도록 허용했다. 직원들이 기존의 업무에만 집중하지 않고 스스로 새로운 아이디어를 창안할 수 있도록 돕는 혁신적인 방식이었다. 이를 통해 구글은 창의적이고 혁신적인 기업 문화를 형성할 수 있었다.

이 정책 덕분에 직원들은 자유롭게 새로운 아이디어를 제안할 수 있었고, 실제로 지메일(Gmail) 같은 혁신적인 제품이 탄생하는 데 큰 역할을 했다. 즉, 구글은 '20% 시간' 정책으로 단순한 기술회사가 아니라, 창의적인 문제 해결을 통해 세상에 새로운 가치를 제공하는 기업으로 자리 잡았다.

이 정책은 회사와 직원 간의 신뢰 문화를 형성하는 데도 도움이 되었다. 직원들은 자기 선택에 따라 프로젝트를 결정, 진행했고 회사는 이를 신뢰하며 지원을 아끼지 않았다. 이러한 신뢰 관계는 직원들이 더 자유롭게 도전할 원동력이 되었고, 유연한 조직 문화를 형성하는 데 기여했다.

하지만 비판적인 시각도 있다. 전 구글 임원 마이어(Marissa Ann Mayer)는 '20% 시간'이 실제로는 정규 업무 외에 추가로 진행되는 경우가 많았다고 지적했다. 즉, 직원들은 본 업무에 더해 추가로 일을 했기 때문에, 실질적으로는 '120% 시간제'처럼 운영되었다는 것이다. 직원들의 창의성을 장려하는 동시에, 과도한 업무 부담이 생기지 않도록 균형을 유지하는 것은 중요하다.

결론적으로, 구글의 '20% 시간' 정책은 직원들에게 자율성을 부여하고 창의성을 불러일으키는 혁신적인 방법이었다. 기업이 이런 정책을 도입할 때에는 직원들이 자유롭게 아이디어를 제시하도록 지원하는 동시에, 업무 부담을 적절히 조절하는 균형 잡힌 접근이 필요하다. 이렇게 하면 기업은 창의적이고 혁신적인 문화를 정착시킬 수 있으며, 장기적으로 지속적인 성장에 큰 도움이 될 것이다.

3) 실패를 용인하는 문화 조성

혁신은 여러 번의 시도와 실패를 거치면서 완성되므로 실패를 배움의 기회로 받아들이는 문화가 중요하다. 직원들이 실패를 두려워하지 않고 도전할 수 있는 환경을 제공하면, 기업은 더 많은 혁신을 이루어 낼 수 있다. 예를 들어, 실패한 프로젝트에서 얻은 교훈을 회사 전체와 공유하고, 이를 바탕으로 더 나은 전략을 세우면 직원들은 실패를 두려워하지 않고 자신감을 가진 채 도전할 수 있다. 이렇게 창의적인 시도가 계속 이어지면서 기업은 지속적으로 성장해 나간다.

사례 : 아마존(Amazon)의 실패를 두려워하지 않는 문화

실패를 인정하고 이를 학습의 기회로 삼는 문화는 기업의 혁신과 성장을 돕는다. 대표적인 예로 아마존이 있다. 아마존의 CEO인 베이조스(Jeffrey Preston Bezos)는 실패를 단순한 실수로 보지 않고, 혁신을 위한 필수과정이라고 생각했다. 그는 "더 큰 실패를 해야 더 큰 성공을 할 수 있다."라고 말하며, 실패를 두려워하지 않는 문화를 만들었다. 이 덕분에 아마존의 직원들은 새로운 시도를 할 때 걱정보다 도전하는 마음을 가질 수 있었다.

아마존은 실제 큰 실패를 경험하기도 했다. 스마트폰 시장에 도전하며 만든 'Fire Phone'은 시장에서 크게 실패했다. 하지만 이 실패를 통해 많은 것을 배웠고, 그 과정에서 얻은 기술과 경험을 활용해 'Echo(Alexa)'라는 성공적인 음성 인식 기기를 개발할 수 있었다. 단기적인 실패가 장기적인 성공으로 이어진 예라 할 수 있다.

또한, 베이조스는 아마존이 항상 스타트업처럼 유연하고 도전적인 태도를 유지해야 한다고 강조하며, 이를 'Day 1' 문화라고 불렀다. 회사가 오래되었다고 해서 안주하지 말고, 항상 새로운 도전을 하는 첫날처럼 행동해야 한다는 뜻이다. 또 '두 피자 팀(Two-Pizza Team)'이라는 운영 방식을 활용하는데, 이는 작은 팀 단위로 프로젝트를 진행하는 것이다. 팀 규모가 피자 두 판을 먹을 정도의 인원(약 6~10명)으로 유지되면 빠르게 의사 결정을 내리고, 실패하더라도 부담이 적어 더 많은 도전을 할 수 있다.

베이조스는 매년 주주들에게 보내는 편지에서도 실패의 중요성을 강조했다. "아마존은 실패를 통해 배운다."라고 말하며, 실패를 두려워하지 않는 것이 아마존의 핵심 가치임을 명확히 했다. 이처럼 실패를 받아들이고 학습하는 문화를 통해 아마존은 끊임없이 혁신하면서 세계적인 기업으로 성장할 수 있었다.

결론적으로, 아마존의 사례는 실패가 반드시 나쁜 것이 아니라, 새로운 기회를 만들어 주는 중요한 과정이라는 점을 보여 준다. 기업이 혁신을 이루려면 직원들이 실패를 두려워하지 않고 자유롭게 도전할 수 있는 환경을 조성해야 한다. 실패에서 배운 교훈을 바탕으로 더 나은 전략을 세우고, 이를 통해 기업이 지속적으로 성장할 수 있도록 해야 한다.

4) 리더십의 솔선수범

기업가정신이 조직 문화로 자리 잡으려면 경영진이 먼저 실천해야 한다. 경영진이 기업가정신을 몸소 보여 주고 기대하는 행동을 직접 실천할 때, 직원들은 이를 보고 배우며 자연스럽게 따라 한다. 또한, 경영진이 투명하고 진정성 있는 태도로 직원들과 신뢰를 쌓고, 창의적이고 혁신적인 자세를 유지하면 조직 전체가 기업가정신을 내면화할 수 있다.

사례 : 마이크로소프트 CEO 사티아 나델라의 리더십

경영진의 솔선수범은 기업 문화와 성과에 큰 영향을 미친다. 마이크로소프트(Microsoft)의 CEO 나델라(Satya Nadella)는 직접 행동함으로써 기업 문화를 변화시키고 혁신을 이끈 대표적인 리더이다. 그는 학습을 강조하고, 포용적인 리더십을 실천하며, 고객 중심 사고와 협업을 장려하면서 투명한 소통을 통해 회사를 변화시켰다.

① 지속적인 학습 문화 구축

나델라는 마이크로소프트의 기존 문화를 바꾸고, "모든 것을 아는 사람이 되기보다 배움을 실천하는 사람이 되자."라는 철학을 강조했다. 그는 직접 새로운 기술을 배우고 책을 읽으며 지식을 확장하는 모습을 보여 주었다. 이를 통해 직원들도 끊임없이 배우고 성장해야 한다는 점을 깨닫고, 빠르게 변화하는 기술 환경에 적응해 나가도록 독려받았다.

② 포용적인 리더십 실천

나델라는 포용성과 다양성을 중시했다. 자폐증인 아들을 키운 경험을 바탕으로, 장애인을 위한 고용 기회를 확대하고 접근성 기술 개발에 투자했다. 자신의 개인적인 이야기를 직원들과 공유하면서, 회사 전체가 점차 다양성을 존중하고 포용적인 문화를 받아들이게 되었다.

③ 고객 중심 경영 강조

나델라는 고객의 의견을 직접 듣기 위해 정기적으로 고객사를 방문했다. 고객이 무엇을 원하는지 깊이 이해하고, 이를 제품과 서비스를 개발하는 데 충분히 반영하고자 했다. 이처럼 고객 중심의 접근 방식은 마이크로소프트 제품의 경쟁력을 높이는 데 중요한 역할을 했다.

④ 협업 문화 조성

나델라는 부서 간 협업을 장려하기 위해 직접 여러 부서의 회의에 참석하고, 부서 간 협력 프로젝트를 적극 지원했다. 그는 부서 사이에 놓인 보이지 않는 벽을 허물도록 당부했고 팀워크를 강조했는데, 이 덕분에 회사 전체가 유연하게 협력할 수 있는 환경이 조성되었다.

⑤ 투명한 소통 강화

나델라는 정기적으로 전 직원 미팅 시간을 가지며 회사의 전략과 성과를 공유했다. 또한, 어려운 결정이 있을 때도 솔직하게 설명하며 직원들에게 신뢰를 주었다. 이 같은 투명한 소통은 직원들이 회사의 방향을 명확히 이해하고, 더욱 적극적으로 참여하는 데 도움이 되었다.

결론적으로, 나델라는 직접 행동으로 기업가정신을 실천하며 마이크로소프트를 혁신적인 기업으로 바꾸어 나갔다. 그의 솔선수범은 직원들에게 좋은 본보기가 되었으며, 조직 전체가 변화에 자발적으로 참여하도록 만들었다. 이처럼 경영진이 앞장서서 기업가정신을 실천하면, 기업의 문화가 자연스럽게 변화하고 지속적인 성장과 혁신이 가능해진다.

5) 성과 인정과 보상 시스템 구축

기업이 성장하고 혁신을 이루려면, 직원들이 기업가정신을 발휘해 얻은 성과를 제대로 인정하고 적절하게 보상하는 것이 중요하다. 직원들이 새로운 아이디어를 내고 성공적인 결과를 만들었을 때, 이를 정기적으로 평가하고 보상하면 더 높은 성과를 내는 동기부여가 된다. 예를 들어 혁신적인 프로젝트를 성공적으로 마친 직원에게 성과급을 주거나 창의적인 아이디어를 낸 팀에게 포상을 제공하면, 자신의 노력이 인정받고 있다고 느끼면서 더욱 적극적으로 혁신에 나설 수 있다.

사례 : 구글의 보상 시스템

성과를 인정하고 보상하는 시스템은 기업의 성공과 성장에 큰 영향을 미친다. 구글(Google)은 직원들이 서로 협력하면서도 좋은 성과를 낼 수 있도록 팀 성과 중심의 보상제도를 도입했다. 구글은 원래 개인의 성과를 중심으로 보상을 해왔지만, 이 방식이 직원들 사이의 경쟁을 심화시키고 팀워크를 약화시키는 문제가 있었다. 그래서 개인이 아닌 팀의 목표 달성 여부에 따라 보상을 하는 방식으로 바꾸었다.

구글은 OKR(Objectives and Key Results, 목표와 핵심 결과) 시스템을 활용하여 팀의 목표를 명확하게 설정하고, 그 목표를 얼마나 달성했는지를 평가했다. OKR 시스템과 연계된 보상제도를 통해, 직원들은 단순히 개인의 성과만을 신경 쓰는 것이 아니라 팀 전체의 목표를 달성하는 데 집중할 수 있는 환경이 만들어졌다. 구글의 보상 시스템은 팀워크를 장려하는 데도 중요한 역할을 했다. 직원들은 자신의 성공이 팀 전체의 성과와 연결된다는 점을 깨닫고, 서로 협력하며 더 나은 결과를 만들어 내기 위해 노력하게 되었다. 이렇게 구글은 조직 전체가 같은 방향을 바라보고 협력할 수 있는 문화를 조성했다.

결론적으로, 구글의 사례는 성과 인정과 보상 시스템이 조직의 협력 문화를 강화하고, 팀 목표 달성을 촉진하는 데 중요한 역할을 한다는 것을 보여 준다. 개인의 성과만을 평가하는 것이 아니라, 팀의 성과를 인정하는 방식은 직원들이 조직의 비전을 공유하고 협력하는 문화를 만드는 데 큰 도움이 된다. 이를 통해 구글은 장기적으로 지속 가능한 성장을 이루고, 창의적·협력적인 조직을 유지할 수 있었다.

6) 지속적인 학습과 성장 지원

기업이 성장하고 변화에 적응하기 위해서는 끊임없이 학습하면서 발전해 나가는 것이 필요하다. 기업은 직원들이 새로운 기술을 배우고 자기계발을 할 수 있도록 교육 프로그램, 멘토링, 기술 개발 등의 기회를 제공해야 한다. 학습의 기회를 얻으면 자신의 능력을 최대한 발휘할 수 있고, 더 어려운 과제에 도전하려는 동기도 생긴다. 예를 들어 최신 기술을 배울 수 있는 교육 활동을 마련하거나 업계 전문가를 초청한 세미나를 열면, 직원들은 더욱 전문적이고 창의적인 업무 능력을 키울 수 있다.

사례 : 마이크로소프트의 학습 문화

지속적인 학습과 성장은 기업이 혁신을 이루고 오랫동안 성공 가도를 달리는 데 꼭 필요한 요소이다. 마이크로소프트는

CEO 나델라의 리더십 아래, 배움을 강조하는 조직 문화를 만들었다. 그는 직원들에게 "모든 것을 아는 사람이 되려고 하기보다 계속해서 배우는 사람이 되자."라는 태도를 강조하며 학습하는 문화를 정착시켰다.

① 성장형 사고방식

나델라는 직원들이 끊임없이 배우고 성장할 수 있도록 '성장형 사고방식(Growth Mindset)'을 강조했다. 그는 직접 학습하는 모습을 보여 주며 직원들에게 모범이 되었고, 실패를 단순한 실수가 아니라 배움의 기회로 여기도록 독려했다. 이러한 문화 덕분에 직원들은 실패를 두려워하지 않고, 거듭 도전하며 더 좋은 결과를 만들어 낼 수 있었다.

② 고객 중심 학습

마이크로소프트는 고객과 직접 소통하며 배우는 방식을 도입했다. 고객의 의견을 듣고 그 경험을 바탕으로 더 나은 제품을 만들도록 한 것이다. 이를 통해 직원들은 고객이 진짜 원하는 것이 무엇인지 깊이 이해하게 되었고, 이를 반영한 서비스를 제공할 수 있었다. 이 과정은 단순히 제품을 개선하는 것에 그치지 않고, 고객 만족도를 높이는 데도 큰 도움이 되었다.

③ '제작-측정-학습' 피드백 루프

마이크로소프트는 새로운 아이디어를 실험하고 개선하는 과정인 '제작-측정-학습(build-measure-learn)' 시스템을 운영하고 있다. 새롭게 개발한 솔루션을 시장에 내놓고, 그 결과를 분석한 후, 개선점을 찾아 다시 보완하는 과정이 반복된다. 이런 끊임없는 실험과 개선 덕분에 마이크로소프트는 혁신적인 제품과 서비스를 계속해서 만들어 낼 수 있었다.

④ 다양성과 협업을 통한 학습

마이크로소프트는 다양한 배경을 가진 직원들이 서로의 관점을 공유하며 배우도록 장려한다. 다양한 생각과 아이디어가 모이면 더 창의적이고 혁신적인 해결책이 나올 수 있기 때문이다. 또한, 내부 직원뿐만 아니라 외부 전문가와도 협력하며 학습할 기회를 넓혀가고 있다.

결론적으로, 마이크로소프트의 사례는 지속적인 학습이 직원뿐만 아니라 기업 전체의 성장에 얼마나 중요한지를 보여 준다. 직원들이 배움을 멈추지 않도록 지원하는 환경을 만들면, 기업은 변화하는 시대에 빠르게 적응하고 계속해서 혁신을 이루어 낼 수 있다. 마이크로소프트처럼 학습을 중요하게 생각하는 기업은 오랫동안 경쟁력을 유지하며, 미래에도 성공의 지점에 있을 가능성이 크다.

7) 혁신적인 아이디어 발굴 시스템 구축

혁신은 구성원들의 아이디어에서 시작되며, 이를 활성화하기 위해 누구나 자유롭게 의견을 제안할 수 있는 시스템이 필요하다. 직원들이 자신의 아이디어를 부담 없이 공유하고 발전시킬 수 있는 환경이 조성되면 조직 전체에서 자발적인 혁신이 이루어진다. 예를 들어 익명으로 아이디어를 제안할 수 있는 시스템이나 분기별로 우수 아이디어를 선정해 포상하는 제도를 운영하면, 더욱 창의적인 생각을 자유롭고 풍부하게 표현할 것이다. 이런 환경은 기업이 변화에 빠르게 적응하고 지속적으로 성장하는 데 큰 도움이 된다.

사례 : SK하이닉스의 아이디어 발굴 시스템

기업이 빠르게 변화하는 시장에서 경쟁력을 유지하려면, 끊임없이 새로운 아이디어를 찾아야 한다. SK하이닉스는 이 중요성을 인식하고 내부 직원뿐만 아니라 외부 전문가들의 창의적인 아이디어를 수용하는 개방형 혁신 시스템을 도입했다. 이를 통해 반도체 분야에서 꾸준한 혁신을 이루고 있으며, 이는 기업이 점차 성장해 나가는 발판이 되고 있다.

① 미래 반도체 혁신 아이디어 공모전
SK하이닉스는 새로운 기술을 개발하기 위해 매년 '미래 반도

체 혁신 아이디어 공모전'을 개최하고 있다. 이 공모전은 외부 전문가와 학계 연구자가 참여해 창의적인 아이디어를 제안할 수 있는 장이 되었다. 이렇게 모인 우수한 아이디어는 심사를 거쳐 실제 제품 개발로 이어지며, SK하이닉스의 혁신 역량을 강화하는 데 큰 역할을 하고 있다.

② 실패 사례 경진대회 : 실패에서 배우는 문화

SK하이닉스는 실패를 단순한 실수가 아니라, 새로운 성공을 위한 과정으로 받아들이는 문화를 만들고 있다. 이를 위해 '실패 사례 경진대회'를 운영해 직원들이 자신의 실패 경험을 솔직하게 공유하고 여기서 배운 점을 나눌 수 있도록 장려한다. 이러한 과정을 거치며 직원들은 실패를 두려워하지 않고, 더 창의적인 도전을 할 수 있는 환경을 갖추게 되었다.

③ '상상타운' 아이디어 제안 시스템

SK하이닉스는 일상 업무 중에 떠오른 아이디어를 쉽게 제안할 수 있도록 '상상타운'이라는 내부 시스템을 운영하고 있다. 자유롭게 아이디어를 제시할 수 있으며, 우수한 아이디어를 제안한 직원에게는 '상상킹'이나 '상상퀸'이라는 칭호와 함께 포상이 주어진다. 이를 통해 직원들은 자신의 아이디어가 실제로 기업의 혁신으로 이어질 수 있다는 동기를 갖게 된다.

④ 경영진의 적극적인 참여

SK하이닉스의 최고 경영진은 아이디어 발굴 프로그램을 적극적으로 지원하고, 직접 참여하기도 한다. 이를 통해 직원들은 기업이 혁신을 중요하게 생각한다는 점을 더욱 확실하게 인식하고, 좀 더 적극적으로 아이디어를 제안하려는 분위기가 조성된다.

결론적으로, SK하이닉스의 사례는 자유롭게 아이디어를 제안할 수 있는 시스템이 기업의 혁신과 성장에 얼마나 중요한지 보여 준다. 직원들이 부담 없이 의견을 낼 수 있도록 하면, 조직 전체에서 창의적인 에너지가 확산되고 새로운 도전과 혁신이 점차 활발해진다. 또한, 실패를 두려워하지 않는 문화를 조성하면 직원들은 더 과감하게 새로운 시도를 할 수 있다. 기업이 이 같은 환경을 구축한다면, 지속적인 혁신을 이루고 경쟁력을 유지하는 데 큰 도움이 될 것이다.

8) 다양성과 포용성 증진

다양성과 포용성을 높이는 것은 기업가정신을 키우는 데 매우 중요하다. 서로 다른 배경과 경험을 가진 사람들이 함께 일하면, 문제를 해결할 때 여러 시각에서 접근할 수 있고 더 창의적인 아이디어를 낼 수 있다. 또한, 구성원들의 의견이 존중받는 포용적인 환경이 조성되면, 조직 내에서 혁신적인 아이디어가 활발하게 터져 나온다. 예를 들어, 성별, 경력, 문화가 다양한 직원들이 함께 일하는 팀을 만들면, 각각의 관점을 종합적으로 반영한 더 좋은 제품이나 서비스를 개발할 수 있다. 이는 기업의 경쟁력을 높이는 데 큰 도움이 된다.

사례 : 스마일게이트의 다양성과 포용성 정책

많은 기업이 다양성과 포용성(D&I : Diversity & Inclusion)을 중요하게 여기고 있다. 이는 기업의 지속적인 성장과 경쟁력을 유지하는 데 필수적인 요소이다. 스마일게이트(Smilegate)는 이러한 가치를 실현하기 위해 다양한 노력을 기울였으며, 그 결과 국내 기업 중 유일하게 다양성 우수 사례로 선정되었다.

① 다양성 전담 조직과 위원회 운영

스마일게이트는 2022년, 다양성과 포용성을 체계적으로 관리하기 위해 D&I 전담 조직과 다양성 위원회를 만들었다. 이를 통해 회사 전체에 다양성과 포용성의 중요성을 알리고, 모든 직원이 조직 문화로 받아들일 수 있도록 노력하고 있다.

② 공정한 평가와 보상 시스템

스마일게이트는 성과 평가와 보상에도 다양성과 포용성을 반영하고 있다. 모든 직원이 공정한 기회를 얻고, 다양한 배경을 가진 인재들이 자신의 능력을 마음껏 펼칠 수 있는 환경을 만들었다. 공정한 평가 시스템 덕분에 직원들은 자신의 노력과 성과가 제대로 인정받고 있다는 것을 체감했다.

③ 다양성과 포용성 교육 프로그램 운영

스마일게이트는 서로의 차이를 이해하고 존중할 수 있도록 여러 가지 교육 프로그램을 운영하고 있다. 이를 통해 직원들은 다양성에 대한 인식을 넓히고, 서로 협력하는 문화를 만들어 나간다. 또한, 제품을 개발할 때 다양한 소비자들의 입장을 고려할 수 있도록 장애인을 위한 게임 접근성 테스트도 진행하고 있다.

④ 높은 다양성 점수 기록

스마일게이트는 이러한 노력 덕분에 국내 상장 기업 평균(42.5점)보다 훨씬 높은 67점의 다양성 종합 점수를 기록했다. 스마일게이트가 다양성과 포용성을 조직 문화에 잘 정착시켜, 업계에서 경쟁력을 갖추고 있음을 나타내는 결과이다.

결론적으로, 스마일게이트의 사례는 다양성과 포용성이 기업의 성장과 혁신에 얼마나 중요한 역할을 하는지 잘 보여 준다. 서로 다른 배경을 가진 사람들이 협력하면, 더 창의적인 아이디어가 나오고 기업은 빠르게 변화하는 환경에 잘 적응할 수 있다. 기업이 명확한 비전과 목표를 세우고, 자율성과 창의성을 존중하며, 실패를 학습의 기회로 받아들이는 문화를 만든다면 직원들은 자연스럽게 기업가정신을 내면화할 수 있고, 나아가 기업은 더욱 경쟁력을 갖추어 장기적인 성장을 이루어 갈 수 있다.

5 마이다스아이티의 기업가정신

 마이다스아이티(MIDAS Information Technology Co., Ltd.)는 2000년에 설립된 한국의 소프트웨어 기업으로, 건설 엔지니어링 분야에서 세계적으로 인정받고 있다. 건축 구조를 해석하고 설계하는 소프트웨어를 개발하는데, 현재 전 세계 110여 개국에 수출하고 있다. 미국, 중국, 일본, 영국, 인도 등 8개국에 현지 법인을 운영하고 있으며, 두바이의 부르즈 할리파와 베이징 올림픽 주 경기장과 같은 유명 건축 프로젝트에 사용된 성과를 가지고 있다. 최근에는 AI 역량 검사와 온라인 채용 플랫폼 '잡플렉스(JOBFLEX)' 등을 개발하며, 인사 관리 솔루션 시장에서도 두각을 나타내는 중이다.

1) 이형우 회장의 기업가정신과 경영 철학

 마이다스아이티의 이형우 회장은 직원들이 기업가정신을 가지고 자율적으로 일할 수 있게 돕는 것을 가장 중요한 경영 철학으로 삼고 있다. 그는 단순히 회사를 성장시키는 것보다 직원들이 행복하게 일하고, 창의적인 아이디어를 자유롭게 펼칠 수 있는 환경을 만드는 데 우선했다. 이를 실천하기 위해 '4무 원칙'이라는 독특한 경영방식을 도입하여, 직원들이 더욱 주도적으로 일할 수 있도록 지원하고 있다.

① 무스펙(No Specification)
- 학력, 경력보다 실력을 중요시한 채용

마이다스아이티는 학력, 경력, 자격증 같은 '스펙'이 아니라, 실질적인 능력과 잠재력을 보고 사람을 채용하는 방식을 사용한다. 다양한 배경을 가진 인재들에게 공평한 기회를 제공하며, 자신의 역량을 마음껏 발휘할 수 있는 환경을 조성하고 있다. 이러한 채용방식 덕분에 직원들은 자신만의 강점을 살려 일할 수 있고, 도전하는 태도를 자연스럽게 배워 나간다.

② 무징벌(No Punishment)
- 실패를 두려워하지 않는 문화

이형우 회장은 직원들이 실패를 두려워하지 않고 새로운 도전을 할 수 있는 환경을 만드는 것이 중요하다고 보았다. 마이다스아이티에서는 실패했다고 해서 징계하지 않고, 오히려 그 과정에서 배운 점을 공유하고 더 나은 결과를 만들어 낼 수 있도록 한다. 이러한 문화 덕분에 직원들은 창의적인 아이디어를 자유롭게 제안하고, 기업은 더 큰 혁신을 이루어 낼 수 있다.

③ 무상대평가(No Relative Evaluation)

- 불필요한 경쟁보다 협력 강조

마이다스아이티는 직원들을 서로 비교하여 평가하지 않고, 개개인의 성장과 성과를 중심으로 평가하는 '절대 평가 시스템'을 운영하고 있다. 이를 통해 다른 사람과 경쟁하기보다는 자신만의 속도로 성장해 나가며, 동료와 협력하는 문화를 형성할 수 있다. 이러한 환경은 직원들이 더욱 주인의식을 가지고 회사의 발전에 기여하도록 만드는 중요한 요소가 된다.

④ 무정년(No Retirement Age)

- 나이에 상관없는 계속 근무 기회

마이다스아이티에서는 일정한 나이에 도달했다고 해서 퇴직을 강요하지 않는다. 능력과 열정이 있는 한 계속해서 일할 수 있는 기회를 제공하며, 장기적인 경력을 쌓을 수 있도록 지원한다. 이러한 환경은 나이에 관계없이 도전하는 자세를 갖는 데 도움이 되고 직원들에게 지속적인 성장 기회를 제공한다.

결론적으로, 마이다스아이티는 직원들에게 자율성을 부여하고, 신뢰를 바탕으로 한 조직 문화를 만들어 가고 있다. 이형우 회장의 '4무 원칙' 덕분에 직원들은 자신의 성장과 행복을 중시하면서도, 창의적인 아이디어를 자유롭게 펼칠 수 있는 환경에서 일하고 있다. 이러한 경영 철학은 마이다스아이티가 세계적인 소프트웨어 기업으로 성장하는 데 중요한 기반이 되었으며, 앞으로도 지속적인 경쟁력을 유지하는 데 큰 역할을 할 것이다. 직원들이 스스로 주인의식을 가지고 일할 수 있는 환경을 만들면, 기업도 함께 성장할 수 있다는 점을 마이다스아이티는 보여 주고 있다.

6. 맺음말

　기업가정신은 단순히 돈을 버는 방법이 아니라, 기업이 사회와 경제에 도움이 되면서 지속적으로 성장할 수 있도록 만들어 주는 중요한 요소이다. 이 글에서 소개한 여러 사례와 방법은 기업이 변화하는 환경 속에서 혁신적이고 자율적인 조직 문화를 만들 때 실질적인 도움이 될 것이다.

　결국, 기업가정신은 기업이 구성원들과 함께 비전과 목표를 공유하고, 자율성과 창의성을 존중하며, 실패를 두려워하지 않는 문화를 조성하는 것에서 시작된다. 이러한 환경이 만들어지면, 직원들은 자신의 능력을 최대한 발휘할 수 있고 기업도 장기적으로 성장한다. 나아가 기업은 사회와 경제에 긍정적인 영향을 미치며 더욱 발전할 수 있다. 독자들이 기업가정신에 대해 깊이 이해하고, 자신이 속한 조직에서도 이를 실천해 볼 수 있는 계기가 되길 바란다.

참고문헌

논문

- 성문주. "청년층의 기업가정신 향상을 위한 대학교육 방향 탐색 (국가미래전략 Insight Vol. 32). 서울: 국회미래연구원." (2021).
- Kim, Chang-Gu, and Chan-Gu Lee. "국방과학기술정책 변화가 연구개발 조직 및 지원시스템에 미치는 영향 분석 및 발전 전망." Proceedings of the Korea Technology Innovation Society Conference. Korea Technology Innovation Society, 2014.
- Yildiz, Müge Leyla. "The effects of organizational culture on corporate entrepreneurship." International journal of business and social science 5.5 (2014).
- Arz, Christopher. "Mechanisms of organizational culture for fostering corporate entrepreneurship: a systematic review and research agenda." Journal of enterprising culture 25.04 (2017): 361-409.
- El-Kafafi, Siham. "Integrating Corporate Entrepreneurship With Organisational Culture Through Leadersip." International Journal of Innovation and Knowledge Management in the Middle East and North Africa 6.2 (2017): 77.
- Seong, Jee Young. "The effects of high performance work systems, entrepreneurship and organizational culture on organizational performance." Seoul Journal of Business 17.1 (2011): 3-36.
- Paunovic, Svetislav, and Ioan Constantin Dima. "Organizational culture and corporate entrepreneurship." Annals of the University of Petroşani. Economics 14.1 (2014): 269-276.
- Umrani, Waheed Ali, Kabiru Maitama Kura, and Umair Ahmed. "Corporate entrepreneurship and business performance: The moderating role of organizational culture in selected banks in Pakistan." PSU Research Review 2.1 (2018): 59-80.

책

- Zahra, Shaker A., Donald O. Neubaum, and James C. Hayton, eds. Handbook of research on corporate entrepreneurship. Edward Elgar Publishing, 2016.
- Walle, Alf H. Entrepreneurship and culture: the new social paradigm. Routledge, 2022.
- Campton, Jenna. "Corporate entrepreneurship culture." Handbook of research methods for organisational culture. Edward Elgar Publishing, 2022. 191-204.
- Sathe, Vijay. Corporate entrepreneurship: Top managers and new business creation. Cambridge University Press, 2007.

기사

- 최승노, 기업의 존재이유, https://www.cfe.org/20170908_10648
- 김경민, '기업은 이윤 추구를 위해 존재?' 비즈니스를 바라보는 치명적 오해… 기업의 존재 목적은 무엇인가, https://www.casenews.co.kr/news/articleView.html?idxno=2083
- 박재승, '기업가 정신이 왜 중요하다'고 말하는가? https://www.mobiinside.co.kr/2023/02/09/entrepreneurship/
- Soltoro, [기술사업화 사례] 구글 타임제, https://blog.naver.com/PostView.naver?blogId=soltoro&isHttpsRedirect=true&logNo=221006095181
- 최진홍, 구글은 어떻게 일하는가. 120% 쥐어짜서?, https://www.econovill.com/news/articleView.html?idxno=230944
- 조용탁, [마이다스아이티] 4 無 원칙이 직원을 춤추게 한다, https://economist.co.kr/article/view/ecn201510240011
- 고승연, 성과주의 단점 극복한 기업들, https://www.mk.co.kr/news/business/4994403
- 고객과 함께 학습, https://learn.microsoft.com/ko-kr/azure/cloud-adoption-framework/innovate/considerations/learn

- SK하이닉스가 '아이디어'로 혁신을 이루는 세 가지 방법, https://news.skhynix.co.kr/post/three-ways-to-innovate
- 15 Books Every Corporate Entrepreneur Should Read in 2021. https://www.bundl.com/articles/strategy-15-books-every-corporate-entrepreneur-should-read-in-2021
- Corporate Entrepreneurship and Organizational Culture. https://ivypanda.com/essays/corporate-entrepreneurship-and-organizational-culture/
- Entrepreneurial competencies: how to define and develop the key competencies for entrepreneurship, https://fastercapital.com/content/Entrepreneurial-competencies--how-to-define-and-develop-the-key-competencies-for-entrepreneurship.html

창업
기업가정신과

린스타트업 실무

강 원

연세대학교 경영학과 졸업
미국 듀크대학교 푸쿠아 경영대학원 경영학석사
프랑스 파리 제10대학교 재무전공 경영학박사
현 세종대학교 경영학부 교수
저서:「The Changing Face of
KOREAN MANAGEMENT」,
「재린이 재무관리」등 다수

1 들어가며

 이 글에서는 기업가정신이 구체적인 창업으로 이어질 때 어떤 과정을 거치는지를 소개한다. 스타트업이라고 부르는 벤처기업의 창업 과정은 매우 정형화되어 있다. 새로운 아이디어와 기업가정신으로 무장한 몇몇 젊은 창업자들이 창고에서 출발해 엔젤이나 벤처캐피털로부터 자금을 조달받고 거대 혁신기업으로 거듭나는 과정은 그동안 수없이 반복되고 있다. 시스코, 휴렛팩커드의 신화가 애플, 구글, 에어비앤비, 우버, 엔비디아로 계속 이어짐에 따라서 창업자와 투자자는 성공의 방법을 공유하는 한편, 서로 소통이 가능한 공통의 언어를 발전시켜 왔다.
 구체적으로 이 글에서는 지금의 국내외 창업생태계에서 공용되고 있는 창업의 언어와 방법을 '린스타트업'이라 명명하여 아래에서 살펴본다. 다만 유의할 점은 여기서 소개하는 정형화된 개념들은 계속 변형되고 발전하며 진화하고 있다는 것이다. 창업에 사용되는 기술이 변하고 소비자와 사회도 계속 바뀌기 때문에, 기업가정신을 가진 창업자들은 매 순간 창업의 언어와 방법을 새롭게 정의하고 있다. 한편, 린스타트업의 개념이 세계적으로 통용되고 젊은 창업자들이 주로 사용하다 보니 중요한 개념은 영어식 표현이 그대로 사용되는 경우가 많다. 여기서도 주요 개념들은 한글로 번역하지 않고 영어 표기를 그대로 사용하기로 한다.

2   기업가정신의 사업화

 기업가정신이 사업으로 발현되면, 자신이 이미 가진 재산과 재능에 기대어 안정적인 삶을 추구하려는 태도를 버리게 된다. 오히려 매우 위험한 목표에 자신의 재산과 재능을 쏟아부으며 큰 수익과 보람을 찾으려는 도전적인 태도를 갖게 된다. 창업하는 것이다.

 가령, 많은 돈이 있다면 무엇을 하겠는가? 대부분 수익부동산을 사거나 채권을 사서 임대료와 이자를 받으며 편안하게 지내려고 할 것이다. 사람은 대개 안정적인 삶을 추구한다. 그러나 기업가정신을 가진 사람은 많은 돈이 있으면 거기에 더해 은행에서 빌려 더 많은 돈으로 위험한 사업을 시작하려고 한다. 평온한 삶을 마다하고 위험한 삶에 도전하는 것이다. 이들은 임대료나 이자 정도의 수입으로 만족하지 않고 큰 위험을 무릅쓰고 높은 수익을 추구한다.

 재능에서도 마찬가지이다. 고등교육을 받았거나 전문기술이 있으면 좋은 직장에 취직해서 월급을 타고 승진도 하면서 안정적으로 살 수 있을 텐데, 일부는 여기에 머무르지 않고 자신의 재능을 이용해 창업을 시도한다. 일단 창업을 하게 되면 자신이 받아온 교육이나 갖고 있는 지식은 아무도 인정해 주지 않는다. 교육받은 사람이나 안 받은 사람이나 모두 똑같은 출발점에서 시작하는 것이다. 이들은 누가 인정해 주길 바라기 전에 자기가 직접 시장에서 자신의 능력을 증명하려는 사람들이다. 성공하면 엄청난 보람이 따른다.

이처럼 기업가정신을 창업으로 발현시키는 사람은 일반인과는 다른 태도를 가지며, 수익과 보람에 큰 애착을 가지고 있다. 하지만 이들로 인해 고용이 일어나고 경제가 부흥하고, 더욱 중요한 것은 이들로 인해 일반인도 임대료와 이자를 받고 편안하게 살 수 있게 된다. 이들이 설립한 회사가 없다면 사무실을 임차할 주체도 줄어들고 회사채를 발행할 주체도 줄어들기 때문이다. 이들은 분명 자신의 이익과 보람을 위해 일하지만, 결국 많은 사람에게 이로움을 주는 존재라고 할 수 있다.

3 창업의 보편화

　기업가정신은 누구나 가질 수 있지만, 기업가정신이 발현될 때는 여러 방향과 차원에서 전개되기 때문에 모두가 창업을 하는 것은 아니다. 하지만 각 사람이 가진 기업가정신을 창업으로 유도하려는 체계적인 노력이 시장 자체적으로 그리고 정부 주도적으로 세계 각국에서 진행되고 있다. 이러한 노력은 창업생태계 혹은 벤처생태계로 열매를 맺게 되는데, 미국에서 시작된 실리콘밸리가 그 대표적인 사례이다. 우리나라에도 대덕밸리, 테헤란밸리 등 많은 벤처생태계 혹은 벤처클러스터가 있다.

　기업가정신이 창업으로 발현되려면 장사를 어떻게 해야 하는지도 알아야 하고, 돈을 어떻게 관리하는지도 알아야 하고, 물건을 어떻게 만드는지도 알아야 하고, 회사 경영이나 상거래 관련법도 알아야 하는 등 미리 알아야 하는 것이 매우 많다. 기업가정신을 사업으로 연결하려 해도 이러한 사전지식이 부족하면 엄두를 못 내고 결국 창업으로 발현되지 못할 것이다. 창업생태계는 이러한 사전지식을 일하며 배울 수 있는 터전으로 작용하면서 일반인의 기업가정신이 창업으로 발현되도록 유도한다. 창업생태계 내에는 스타트업(startup)에 특화된 법무 세무법인이 있고, 창업의 보육과 사업자금의 조달을 전문으로 하는 엑셀러레이터(accelerator)와 벤처캐피털(venture capital)이 있으며, 여러 업종의 스타트업이 모여 있어 판로의 개척과 신상품 및 신기술의 정보 등도 쉽게 찾을 수 있다.

창업생태계에 입성하기까지 이전 단계에서는 주로 민간 재단, 민간 엑셀러레이터가 창업교육과 각종 지원을 통해 기업가정신을 창업으로 유도하고 있다. 미국의 카우프만 재단이나 한국의 아산 재단, 미국의 와이컴비네이터나 한국의 마루180이 대표적인 예이다. 대학에서도 창업 보육 및 교육을 담당하는데 핀란드의 알토 대학, 미국의 스탠퍼드 대학과 뱁슨 대학 등이 창업교육으로 유명하다. 특히 우리나라에서는 정부부처와 지자체가 활발한 지원을 하고 있다. 서울창업허브, 청년창업사관학교, 예비창업 패키지 등이 대표적이다. 이러한 교육과 지원을 받은 초기 창업자들은 이들이 제공하는 네트워크를 통해 자연스럽게 창업생태계로 연결된다.

4 린스타트업 실무 : FAQ

　기업가정신을 창업으로 발현시키려는 위의 노력은 결국 사람들에게 창업은 어렵지 않으며 한번 해볼 만한 시도임을 강조한다. 무겁게만 느껴지던 사업의 개념이 창업이라는 친화적인 선택으로 부각되는 또 하나의 이유는 실제로 옛날에 비해 창업하는 데 드는 비용이 훨씬 낮아졌기 때문이다. 옛날에는 시제품을 만들려면 거푸집을 만드는 공정을 거쳐야 했지만, 지금은 3D 프린터로 싸게 만들 수 있다. 또한, 사업 아이템도 이제는 인터넷 모바일을 이용한 플랫폼 서비스가 많아 코딩만 하면 시제품이 완성된다. 코딩도 요즘은 오픈소스가 많아 이미 있는 코드를 짜깁기만 하면 시작은 할 수 있다. 광고에서도 비싼 지면 광고나 TV 광고를 이용했던 예전과 달리 지금은 인플루언서나 바이럴마케팅을 통해서도 홍보가 가능하다. 옛날에는 사업 초기에 은행 문턱을 넘기 어려웠고 비싼 사채를 사용했지만, 지금은 창업 맞춤형 자금조달 수단이 많아져 조달비용 및 시간이 절약된다. 창업생태계에 잘 접속되어 있다면 이러한 혜택은 더욱 많아진다.

이렇게 옛날에 비해 사업 착수가 어렵지 않고 마치 모듈을 맞춰 조립하듯이 창업하는 것을 린스타트업이라 부른다. 린스타트업도 결국 더 많은 사람이 기업가정신을 창업으로 발현시키도록 유도하여 창업의 보편화를 이루는 데 기여한다. 아래에서는 린스타트업이 가능해졌을 때, 평상시 사업에 대해 가지고 있던 부정적인 인식들이 구체적으로 어떻게 바뀔 수 있는지 하나하나 짚어보도록 한다.

FAQ #1 그 위험한 창업 누구나 해도 되나요?

안정적인 직장을 거절하고 사업을 시작하는 것은 어리석은 선택이고 위험을 각오해야 한다고 생각한다. 오히려 학위나 기술이 없어서 직장에 가기 힘든 사람들만 사업을 시작한다고 생각할 수 있다. 그러나 미국의 우수한 경영대학원 졸업생 중 적지 않은 수가 높은 성적을 받았음에도 도리어 창업에 뛰어든다는 사실은 이러한 생각이 틀렸음을 보여 준다.

옛날에는 에베레스트산 정상에 오르는 것이 세계적인 기삿거리였다. 그러나 요즘은 큰 관심을 끌지 못한다. 에베레스트산 정상에 오르는 사람이 너무 많아져서 기사화되기 힘들기 때문이다. 옛날에는 오르기 어려웠던 에베레스트산이 갑자기 낮아져서일까? 답은 반대로 베이스캠프가 높아져서이고, 장비가 좋아졌기 때문이다. 창업에서도 마찬가지이다. 왜 좋은 학위를 가진 사람들이 좋은 직장에 가지 않고 창업을 하겠는가? 그만큼 옛날보다 사업을 시작할 때 요구되는 여러 요소가 시장에 이미 마련되어 있어 개인이 창업하기가 쉬워졌기 때문이다.

린스타트업에서 주로 다루는 창업 모듈은 창업과정에 따라 다음과 같이 네 가지로 구분된다. 먼저, 주변에서 사람들이 평상시 생활하거나 사업을 영위하면서 불편하게 느끼지만 아무도 개선하려고 하지 않는 것이 무엇인지를 찾아내고, 이 아이디어가 사업으로 이어질 수 있는지를 판단하는 모듈이다. 흔히 디자인싱킹(design thinking)이라고 불리는데, 결국 향후 성공할 수 있는 사업 아이디어를 찾아내는 정형화된 방법이라 할 수 있다.

두 번째는 첫 번째 모듈에서 발견된 아이디어를 구체적인 제품 아이템으로 만들어 보는 모듈이다. 이 과정에서 린스타트업은 최종 제품이 아닌 최소한의 기능만 구현할 수 있는 MVP(minimum viable product, 최소 기능 제품)를 만들라고 조언한다. 각 사업 아이디어마다 MVP가 어떤 형태가 되어야 적당한지는 기존의 여러 사례 분석과 개념적인 이해를 동반한 약간의 훈련을 받아야 효과적으로 판단할 수 있다. 이 두 번째 모듈은 흔히 MPV 제작이라고 불리고, 이 단계부터 예비 창업자의 기업가정신이 창의적으로 발현된다.

세 번째 단계는 MVP를 소수의 예상 고객군에게 사용을 권유하고 그들로부터 피드백을 받으면서 제품의 수정과 향후 시장성 예측의 수정을 반복하는 모듈이다. 측정과 분석이라고 부를 수 있는 이 모듈은 사용-피드백-분석의 한 사이클이 돌아 환원될 때마다 시장의 반응과 제품의 수정 내용을 부산물로 낳는다. 각 사이클마다 도달하고자 하는 중간 목표를 측정 가능한 정량지표로 정하고, 피드백에서 나온 실적을 중간 목표와 비교 분석하여 결론을 내리는데, 이를 린스타트업에서는 입증된 학습내용(validated learning)이라고 한다. 이 과정을 반복하면, 매번 환원될 때마다 입증된 학습내용은 더욱 현실을 반영하게 되고, 결국 지금 수정과정에 있는 시제품이 최종적으로 시장성을 가질 수 있는지 명확하게 판단할 수 있도록 해준다.

마지막 네 번째 단계에서는 최종으로 나온 입증된 학습내용을 바탕으로 시제품을 스케일(scale, 대량 생산)할 것인지, 피벗(pivot, 전환)할 것인지, 현 상태로 버틸(persevere) 것인지, 아니면 포기(kill)할 것인지를 정하는 모듈이다. 비록 4개의 선택지가 있지만, 이 네 번째 모듈은 피벗이라고 부른다.

네 가지 결정의 판단 기준은 정량화되어 있을수록 좋다. 사업 아이템에 대한 예비 창업자의 애착이나, 이미 들어간 돈과 시간이 아까워 포기 못하는 마음이나, 막연한 미래에 대한 기대와 꿈이 아니라, 정량적인 분석 결과에 따라 선택하는 것이 무엇보다 중요하다고 린스타트업은 주장한다. 이때 사용되는 정량적인 잣

대를 혁신 회계(innovation accounting)라고 부른다. 사실 혁신 회계는 측정과 분석 모듈에서부터 개발되고 개선되는 경우가 많다. 혁신 회계를 얼마나 현실적으로 만들고 또한 이를 얼마나 잘 지키느냐가 예비 창업자에게는 사업가의 자질을 닦는 매우 중요한 실전 훈련이 될 수 있다.

이렇게 정형화된 린스타트업은 창업과 벤처생태계에서는 널리 알려져 있으며, 린스타트업에서 사용되는 위의 용어들은 벤처 생태계 내에서 일상용어화되었다. 그만큼 창업과정의 모듈화는 많이 진전되었고, 또한 그만큼 일반인들도 창업에 접근하기가 쉬워졌다는 뜻이다. 각 모듈에 대한 교육이나 훈련은 세계 어느 곳에서든 거의 정형화되어 있다. 비록 형식은 정형화되어 있지만, 실제 내용은 다루는 제품, 산업군, 지역 문화에 따라 매우 창의적으로 접근해야 한다. 정형화된 린스타트업에서도 기업가정신의 발현은 항상 요구된다.

FAQ #2 **잘 팔릴 상품을 누구나 생각해 낼 수 있나요?**

잘 팔릴 상품을 생각하는 것이 먼저가 아니고, 이웃에 대한 애정을 가지고 사람들이 필요한 물건이 무엇인지를 파악하는 것이 먼저이다. 이는 창업뿐만이 아니라 일반 마케팅 이론도 이 정신을 기반으로 정립되었다. 린스타트업에서 말하는 디자인싱킹 모듈이 특히 이 부분을 강조하고 있다.

디자인싱킹은 4개의 작은 모듈로 나뉜다. 공감(empathize)하고, 정의(define)하고, 개념화(ideate)하고, 프로토타입을 제작하여 테스트(prototype and test)한다. 디자인싱킹이 효과적으로 진행되었다면 마지막 프로토타입의 제작은 MVP 제작과 중첩될 수 있다. 먼저 공감 단계에서 예비 창업자는 시장조사를 통해 어느 한 영역에서 사람들이 평상시 불편함을 느끼는 것 또는 희망하는 기능이 무엇이 있는지를 알아본다. 시장조사가 중요한 이유는 조사 결과가 예비 창업자가 평상시 가지고 있던 생각이나 관념을 전혀 지지하지 않는 경우가 흔하기 때문이다. 이 단계에서 자신의 선입관이나 고집이 줄어들고 시장 친화적인 사고를 하게 된다.

> 공감의 단계에서 있었던 한 가지 예를 살펴보자. 공감하기 위해서는 먼저 시장 조사가 선행되어야 한다. 고등학생인 한 예비 창업자는 학교 급식에 관해서 평상시 본인이 가지고 있던 문제점을 풀어보고자 했다. 그래서 학급 친구를 대상으로 설문을 해보니 놀라운 점을 발견하게 되었다. 예비 창업자는 음식량이 적어 항상 배고프다고 생각했는데, 조사 결과 많은 학생은 남는 음식이 아깝다고 생각했기 때문이다. 공감의 단계에서는 흔히 자신이 생각하던 문제들을 좀 더 객관적인 관점에서 다시 정의하게 된다.

다음 정의의 단계에서는 앞 단계에서 축적된 정보를 분석하여 사람들을 불편하게 만드는 문제의 진짜 원인이 무엇인지를 짧게 조작적으로 정의하여 문제 정의(problem statements)라는 산출물을 내는 것이다. 시장조사에서 사람들은 각자의 입장에서 문제를 정의했지만 이를 종합하고 분석해 보면 그들의 불편함은 단순한 하나의 원인으로 귀결될 수 있다. 이 과정에서 흔히 가상의 소비자(persona)를 설정하고 그의 관점에서 문제를 바라보려는 방법을 사용하기도 한다.

> 정의의 단계에서, 위의 예비 창업자는 누구는 배고프고 누구는 남고 하는 등의 문제가 어디서 발단되었는지를 고민하고 친구들과 의견을 교환했다. 결국, 급식 시 학생이 원하는 양보다는 영양사가 담아 주는 양으로 배식이 결정된다는 점이 문제의 원인이라고 정의했다.

다음의 제품 개념화 단계에서는 정의된 문제를 해결하기 위해 브레인스토밍 회의(brainstorming session)에서 적당한 제품을 디자인하는 것이다. 여기서 중요한 것은 아무리 터무니없어 보이는 제안이어도 무시하지 말아야 한다는 점이다. 흔히 사고의 틀에 갇혀 있지 말아야(out of the box) 한다고 표현한다. 기업가정신은 창의적이고, 이 창의적인 사고는 기존의 틀을 깨는 경우가 허다하다.

> 위의 문제를 해결할 수 있는 제품을 구상하는 단계에서, 이 예비 창업자는 친구들과 각자 창의적으로 해결방법을 제시해 보는 회의를 열었다. 여러 방법이 제시되었는데, 결국 급식판의 밥그릇에 선을 여러 개 그어 놓고 급식을 받을 때 학생이 영양사에게 자기가 원하는 선을 제시하자는 아이디어가 채택되었다.

마지막 프로토타입의 제작과 테스트에서는 개념화 단계에서 제안된 상품을 실제로 제작하고 몇 명의 소비자에게 사용하도록 한 다음 피드백을 받는 것이다. 이 단계를 몇 번 거치면서 프로토타입의 시장성과 완성도는 높아진다. 여기서 3D 프린터의 사용이 권고된다. 거푸집을 만드는 것보다 훨씬 저렴하고 시간이 절약되기 때문이다.

> 프로토타입 제작과정은 단순한 제작을 넘어 실험과 수정의 과정도 포함되어 있다. 위의 예에서 선이 그어진 급식판을 제작해서 실험적으로 사용해 보았더니, 영양사와 학생이 말로 의사소통하는 시간이 늘어나 줄이 길어지는 부작용이 발견되었다. 이에 지난 회의에

> 서 발의되었으나 채택되지 않았던, 밥그릇의 크기가 다른 급식판늘
> 세 종류로 만드는 방법을 시도하기로 했다. 실험 결과 줄도 길어지
> 지 않고 각자의 양만큼 배식 받게 되어 배고픔과 낭비를 어느 정도
> 줄일 수 있었다. 따라서 최종 프로토타입은 선이 그어진 급식판이
> 아닌 밥그릇 크기가 다른 세 종류의 급식판으로 결정되었다.

디자인싱킹을 통해서 최종 도출되는 미래 제품의 프로토타입은 시장이 원하고(desirable), 기술적으로 구현 가능하고(feasible), 상업적 가치가 있어야(viable) 하는 등 세 가지 조건을 충족해야 한다. 디자인싱킹은 혼자 하는 것보다는 팀을 구성하여 같이 토론하며 진행하는 것이 효과적이다. 사실 창업은 혼자보다는 팀으로 출발하는 경우가 더 많다.

이렇게 정형화된 절차를 따라가다 보면, 개인적인 감보다는 집단이성과 실증분석을 통해 잘 팔릴 상품을 체계적으로 발견할 수 있으며, 누구나 창업에 도전해 볼 수 있다.

FAQ #3 　 기술을 모르는데 내가 생산을 할 수 있을까요?

아직 주식시장에 상장되어 있지 않은 비상장기업이면서, 출자를 받을 때 시가총액이 1조 원 이상으로 인정받은 벤처기업들을 유니콘(unicorn)기업이라고 부른다. 2013년 처음 사용되었을 때 유니콘이라는 용어는, 시가총액이 1조 원 이상의 비상장사

는 신화에서 나오는 유니콘만큼 희귀하고 경외할 만하다는 의미를 품고 있었다. 하지만 요즘에는 유니콘이 상당히 많아졌다. 세계적인 유니콘기업을 보면 우주항공이나 바이오처럼 하이테크(high-tech, 높은 수준의 기술)를 사용하는 기업도 있지만 인터넷이나 모바일처럼 로우테크(low-tech, 낮은 수준의 기술)를 사용하는 기업도 매우 많다. 또한 시장에서 큰 성공을 이룬 상품은 완전히 새로운 개념의 신상품이 아니고, 이미 산업용으로 사용되던 상품이 일반인을 위한 상품으로 대중화되는 경우에 많이 나타난다. 이 경우, 산업용 상품만 있을 때는 첨단이었던 기술이 이미 보편적인 로우테크로 바뀌어 있는 현상도 꽤 목격된다. 즉, 로우테크를 사용하는 창업 아이템은 넘쳐나고, 해당 기술을 다룰 줄 아는 사람도 넘쳐나기 때문에 내가 기술을 몰라도 창업은 충분히 가능하다는 뜻이다. 실제로 스타트업의 CEO 중에는 사업 아이템 및 발전 방향의 제시 그리고 자금조달만 담당하고 생산은 직원에게 맡기는 경우도 많다.

2020년 전후 미국의 20대 유니콘을 살펴보자. 이들 대부분은 현재 증권거래소에 상장되어 더 이상 유니콘이 아니지만, 당시에는 비상장사였다. [표1]에서 1위부터 4위까지 시가총액이 높은 유니콘은 모두 기술 의존도가 낮은 사업을 영위하고 있었음을 알 수 있다. 인터넷이나 스마트폰은 이를 작동시키는 기술 자체는 어렵지만, 사용하는 방법은 이미 보편적인 지식이 되어 일상적인 사용은 물론, 이를 활용하여 뜻하는 비즈니스도 쉽게 시작할 수 있다. 한편, 5위부터 10위는 회사가 해당 기술을 직접 개발해야 하기 때문에 진입장벽이 높다.

[표 1] 2020년 전후의 미국 20대 유니콘의 기술도

순위	기업	높은 기술의존 (High Tech)		낮은 기술의존 (Low Tech)	
		주요 기술	시총	접목 기기	시총
1	우버	생략		스마트폰/인터넷	72.0
2	위웍	–		스마트폰/인터넷	47.0
3	줄랩스	–		전기전자	38.0
4	에어비앤비	–		스마트폰/인터넷	29.3
5	스트라이프	핀테크	22.5	생략	
6	스페이스엑스	로켓	18.5	–	
7	에픽게임	코딩/디자인	15.0	–	
8	새머메드	바이오	12.0	–	
9	팔란티어 테크놀로지	AI	11.0	–	
10	핀터레스트	코딩/디자인	10.5	–	
	1~10위 합계		89.5		186.3

린스타트업은 이처럼 기술의 직접적인 개발보다는 기존 기술의 활용에 초점을 두었다. 따라서 창업 분야도 소비재 산업이 많고, 사람들이 이미 사용하던 물건이나 소비 행태에 보편화된 신기술을 간단히 접목하여 기존의 소비를 확대시키는 경우가 많다. 쉽게 이야기하자면, 해당 업종에서 이미 선두에 서 있던 기업들은 모두 '나도 조금만 신경 썼으면 저거 할 수 있었는데……'라는

생각을 가지게 만드는 품목들이다. 가령 세계적인 호텔 체인인 메리어트는 에어비앤비의 성공을 보며, 자신도 인터넷과 모바일 활용에 적극적이었으면 공유 호텔 시장을 쉽게 선점할 수 있었겠다고 생각할 수 있다. 뉴욕의 택시회사인 옐로우캡컴퍼니도 우버의 성공을 보며 같은 생각을 했을지도 모른다.

한편, 린스타트업이 소비재에서 많이 발생한다는 사실은 반대로 소비재 산업에서는 기존 기업보다는 개인이 니치마켓(niche market, 틈새시장)을 찾기가 쉽다는 뜻일 수 있다. 신기술이 회사가 사용하는 산업재의 변화를 가져올 때는 기존 기업이 돈이 될 만한 품목을 찾아내기가 쉽다. 신제품은 원가 절감과 기능 향상만 해주면 되기 때문이다. 하지만 신기술이 소비자가 사용하는 소비재의 변화를 가져올 때는 어떤 소비재가 팔릴 만한 것인지 기존 기업이 예측하기 매우 어렵다. 소비자가 원하는 바는 가격 외에도 디자인, 품위, 사용 편리성 등 수많은 요소들이 합쳐져서 결정되기 때문이다. 콜럼버스의 달걀처럼 이미 성공한 신제품을 보면 '나도 할 수 있었다'고 주장할 수 있지만, 이것을 처음부터 찾아내라고 하면 결코 쉽지 않은 과제이다. 그만큼 소비재에서는 해당 품목에 대기업이 이미 버티고 있으니 창업이 어려울 것이라는 예측은 옳지 않다.

따라서 린스타트업에서는 기술을 몰라서 창업할 수 없다는 말은 성립되지 않는다. 오히려 지금의 신기술이 보편화되었을 때

누가 될지도 모르는 미래의 소비자가 무엇을 원하게 될지를 디자인싱킹을 통해 찾아내는 것이 더 중요하다.

FAQ #4 돈 없이 벤처 창업을 할 수 있나요?

돈이 있어야 사업을 시작할 수 있다는 명제는 시장경제에서 잘못된 생각이다. 오히려 수익성이 좋은 사업안이 있으면 돈은 따라온다가 옳은 명제이다. 투자자가 원하는 수익률보다 더 높은 수익을 가져오는 투자안은 얼마든지 외부에서 자금을 조달할 수 있다는 주장은 일반 기업재무학에서 가장 중요한 이론 중 하나이다.

사실 예비 창업자 대상으로 설문조사를 하면 자금조달이 항상 애로사항 상위에 기록된다. 그만큼 외부 투자자를 만나 출자를 설득하는 것이 어렵고, 결국 자금조달에 실패하여 창업을 포기하는 경우가 종종 발생한다. 그러나 외부 투자자의 설득에 실패했다면, 대부분 해당 아이템과 사업모델이 창업자에게는 좋아 보이지만 시장은 그렇게 생각하지 않기 때문이다. 그렇다고 창업자의 아이템과 사업모델이 완전히 틀렸다는 것은 아니다. 출자유치에 실패했다면, 창업자의 잘못이 아니라 창업자가 개발하려는 아이템이 아직 초기 단계에 있어 시장이 그 사업성을 판단할 수 없기 때문에 투자자가 투자 결정을 보류했다고 보는 것이 옳다.

이처럼 기존의 기업재무가 완성된 사업안과 일반 투자자를 연결시키는 목적을 가진다면, 창업재무의 목적은 미완성의 사업안과 일반 투자자를 연결하는 데에 있다. 이들을 연결하는 방법은 아주 간단하다. 스타트업의 사업안을 일반 투자자가 투자 판단을 할 수 있을 정도로 다듬어 주는 것이다. 이 역할을 담당하는 중개인이 바로 엔젤(angel), 엑셀러레이터, 벤처캐피털들이다.

엔젤은 투자의 수익성에 크게 관여하지 않고 오히려 열심히 해보려는 젊은 창업자들을 창업 초기 단계에서 도우면서 보람을 찾는 은퇴한 부자 혹은 은퇴한 벤처 사업가들이다. 엑셀러레이터는 엔젤보다 체계적인 방법으로 창업자를 돕는데, 창업 공간, 법무 세무 상담, 외부 자금 연결 등의 서비스도 제공한다. 벤처캐피털은 사업의 완성도가 상당히 높아진 스타트업을 대상으로 대량생산 단계에 들어가도록 큰 자금을 제공하는 역할을 담당한다. 모두 단계별로 사업의 위험을 낮추고 완성도를 높여 주는 역할을 수행한다.

벤처생태계에 깊숙이 들어와 있고 스타트업과 긴밀한 관계를 유지하고 있는 이들 벤처 금융중개인들은, 단지 자금을 조달하는 역할을 넘어 스타트업의 사업개발이나 피벗 과정에서 결정적인 조력자의 역할을 한다. 이들로 인해 린스타트업이 자금조달 차원에서도 가능해지는 것이다.

따라서 창업에서 기업과 금융중개인 간의 관계는 기존과는 사뭇 다르다. 기존 기업은 투자자로부터 출자를 받은 후 이들로부터 경영에 간섭받는 것을 상당히 꺼린다. '내가 알아서 수익을 챙겨 줄 테니 경영은 나에게 맡겨라'는 태도로 외부 투자자를 내하는 경우가 많다. 그러나 창업에서 그렇게 한다면 기업만 손해를 본다. 창업에서 금융중개인은 조력자이자 파트너이기 때문에 이들의 의견을 십분 활용해야만 더 큰 출자를 유치할 수 있고, 사업도 스케일업(scale up) 할 수 있다.

창업의 과정은 재무적 관점에서 보면 캐즘(chasm) 단계와 시리즈(series) 단계로 나눠볼 수 있다. 먼저 캐즘 단계에서는 사업이 너무 미완성 상태여서 벤처캐피털도 자금을 끌어오기가 어렵다. 이때는 정부 보조금이나 개인엔젤이 중요한 재원으로 작용하고, 또는 스타트업이 자체적으로 얼리어답터(early adaptor, 조기 수용자)를 대상으로 크라우드펀딩(crowdfunding)이나 ICO(initial coin offering)를 통해 소액의 자금을 조달한다. 크라우드펀딩과 ICO 역시 스타트업을 대상으로 전문 서비스를 제공하는 집단이 존재한다. 여기서 조달된 자금은 주로 아이템 개발에 사용된다.

캐즘 단계를 통과해 아이템의 상용화가 진전되면 사업안의 완성도는 올라간다. 이때도 일반 투자자가 사업성을 판단하기는 어렵고, 사업안의 완성도에 따라 엑셀러레이터나 벤처캐피털이 주요 금융중개인으로 등장한다. 이들은 일반 투자자들도 투자에 참여할 수 있도록 사업안의 완성도를 높여 거액의 투자를 받을 수 있게 해준다. 특히 벤처캐피털이 주도하는 투자유치를 흔히 시리즈(series) 투자라고 부른다. 여기서 조달된 자금은 시설투자나 마케팅 활동에 사용된다.

결국 린스타트업에서는 자금조달도 모듈식으로 정형화되어 있다고 할 수 있다. 그만큼 자금조달에 문외한도 자신의 고집이나 선입관을 뒤로하고 열린 마음으로 금융중개인과 투자자를 만날 수 있다면, 자금조달은 결코 어려운 것이 아니다.

FAQ #5　　　　　　　창업하다가 실패하면 어떻게 되나요?

왜 좋은 학위를 가진 사람들이 좋은 직장에 가지 않고 창업을 하는가? 그 첫 번째 이유로 옛날보다 창업하기가 쉬워졌기 때문이라고 앞서 이야기했다. 두 번째 이유는 직장에서 해고위험 대비 받는 월급보다 창업해서 실패위험 대비 받는 수입이 훨씬 높기 때문이다. 먼저 창업자가 성공했을 때의 수입이 누적 월급에 비교하지 못할 정도로 많다. 그리고 회사에서 해고당하고 다른 직장을 찾는 것에 비해 창업했다가 실패했을 때 재기하거나 생각을 바꿔 직장에 취업하는 것이 그렇게 어렵지 않기 때문이다. 창업에서의 실패는 다음 도전을 위해 필요한 자산이라고 생각한다. 이를 종용하기 위해 우리나라에서는 재도전하는 창업자만 신청할 수 있는 자금지원 패키지도 있다.

다만 창업과정에서 외부 자금은 되도록 출자의 형태로 조달하는 것이 안전하다. 융자 등 부채를 지나치게 사용하면 이후 법적인 어려움을 당할 수 있다. 신용보증기금이나 기술보증기금에서 보증을 받아 대출을 받는 경우도 많으나, 역시 부채의 형태로 자금을 조달하는 방법이기 때문에 되도록 피하는 것이 현명하다. 출자로만 외부 자금을 조달한 기업에게는 부도라는 법적인 상황이 도래하지 않는다. 사업이 잘 되지 않아 폐업을 결정하면, 폐업 신고를 하고, 가지고 있는 자산을 시장에서 매각하고, 매각 대금을 기존 주주들에게 지분에 비례하여 나누어 주면 상황은 종료된다. 단지 사업과정에서 발생한 외상 매입금과 매입채무 등이 있다면, 자산 매각대금으로 먼저 이들에 대한 채무를 변제해야 할 것이다.

한편, 스타트업의 외연이 확장되어 시리즈 투자를 받은 후에는 투자자의 영향력이 커져 있고, 자금조달방식도 자본과 부채가 결합된 중간 형태를 갖는 경우가 많기 때문에 사업이 어려워졌을 때 쉽게 파산이나 청산을 하지 못하는 경우가 종종 발생한다. 성숙한 사업에서도 위험은 언제나 따르는데 창업 단계에서는 더 큰 위험이 항상 도사리고 있다. 이러한 위험에 도전하는 것이 바로 기업가정신을 사업으로 발현시킨 사람들의 특성임을 상기하자.

5 맺음말

　이미 19세기 말부터 창업은 끊임없이 경제에 활력을 불어넣는 주인공이었다. 최근 미국을 보면, 창업은 이제 경제를 견인하는 위치까지 올라왔다. 창업이 이렇게 중요성을 더해 가는 이유는 신기술의 발전이 더욱 가속화되기 때문이다. 삶의 곳곳에서 새로운 것을 만들어 가고 새로운 관점을 제시하는 기업가정신은, 특히 신기술의 발전과 접목되었을 때 창업으로 열매 맺게 된다. 신기술이 어떻게 사람의 생활에 접목이 되고 편의를 제공할 수 있는지를 찾는 것은, 덩치가 큰 기존 기업이 하기에는 한계가 있다. 기업가정신을 가진 개인들이 조직의 타성을 넘어 창의적으로 발상하고 발빠르게 움직이며 새로운 시도들을 많이 할 때, 그중 하나가 신기술을 성공적으로 적용한 새로운 재화와 서비스를 탄생시킨다.

　신기술은 계속 가속화되고 있다. 따라서 이렇게 빠르게 발전하는 신기술을 일상생활에 접목하려면, 정부와 대기업만 바라보지 말고 기업가정신을 사업으로 발현시키고자 하는 수많은 개인이 창업에 좀 더 친숙해지도록 환경을 조성해 가는 것이 필요하다. 린스타트업은 개인의 창업 역량을 키우는 수준을 넘어, 창업 생태계를 만들고 창업 친화적인 환경을 조성하여 국가의 창업 역량을 배양하는 데에도 좋은 지침이 될 수 있다.

참고문헌

- Brown, Tim (2009), *Change by Design: How Design Thinking Transforms Organizations and Inspires Innovation*, published by HarperCollins.
- Cumming, Douglas (2010), *Venture Capital: Investment Strategies, Structures, and Policies*, Published by Wiley 1st Ed.
- Maurya, Ash (2012), Runnng Lean, published by O'Reilly, 2nd Ed.
- Ries, Eric (2011), *The Lean Startup*, published by Crown.
- 강원 (2024), "창업재무" (Chapter 12. in *재린이 재무관리*), 교문사 발행.
- 이우진, 김영덕, 장원식 (번역 2021), *엔젤투자, 새로운 부자들의 시대*, 비앤엠북스 발행, (원서: *Angel Investing: The Gust Guide to Making Money and Having Fun Investing in Startups*, 저자: Rose David S. (2014))

ESG와

신(新)기업가 정신의 태동

나석권

서울대학교 경영학과 졸업
서울대학교 행정대학원, 정책학석사
미국 미주리 주립대학교 대학원 경제학박사
행정고시 제35회 재경직 합격
재무부, 재정경제원, 기획재정부 근무
(정책조정총괄과장, 뉴욕재경관, 통계정책국장 역임)
IMF Senior Advisor 역임
SK 경영경제연구소 수석전문위원
현 사회적가치연구원(CSES) 대표이사

1 우리는 새로운 각본이 필요하다

　어느 시대나 그 시대를 대표하는 시대정신이 있기 마련이다. 그 정신이 얼마나 강력하고 얼마나 오래 지속될지는 시간을 두고 지켜봐야 하겠지만, 분명한 것은 그 시대를 대표하는 시대정신은 분명코 존재한다는 것이다. 오늘날 우리의 시대정신은 무엇일까? 이런 변화 밑단의 사고의 변화는 무엇인가를 살펴보면서, 기업의 측면에서 새로운 기업가정신을 어떻게 이해하고 적응해 가야 하는지를 알아보고자 한다. 첫 도입부로 현 시대를 실감케 해 주는 몇 가지 에피소드(episode)로 시작해 본다.

　#1　　　　　길을 가다 보면 많은 광고판을 보게 된다. 특히, 광활한 미국 대륙을 운전하다 보면 드문드문 눈에 보이는 도로 광고판들이 반갑기도 하다. 가도가도 끝이 없는 길을 가는

데, 저 멀리 보이는 패스트푸드 가게의 사인은 차 속에서 무료한 시간을 보내는 아이들에게는 하나의 반가운 선물일 수도 있다. 미국을 대표하는 패스트푸드 기업인 맥도날드의 노란색 엠(M)자의 대형 광고 사인이 바로 그렇다. 그곳에 가면, 맥도날드 세트인 어린이용 햄버거 세트에는 작은 장난감도 하나씩 끼워져 나오니 말이다. 그런 맥도날드의 엠(M)자 광고 사인이 어느새 더블유(W)자로 바뀐 그런 광고판이 등장한 적이 있다. 물론 실제 존재한 것은 아니고, 언론사들의 보도 사진에서 그렇게 M자는 반대로 뒤집혀 W자 사인으로 소개되었다. 왜 그랬을까? 그것은 바로 하나의 사건에서 비롯되었다. 전 세계적인 패스트푸드 가게로 선풍적인 인기를 끌던 맥도날드사의 전 CEO가 성추문 스캔들로 사회에 물의를 일으킨 일이 있었다. 이 스캔들을 조롱하는 차원에서 그런 가상의 광고판이 등장한 것이다. 맥도날드에 애정을 갖고 있던 많은 소비자 중 몇몇이 사회적 문제에 대해 그러한 방식으로 자신의 불만과 비판을 우회적으로 표현했던 것이다.

[그림 1] S(Social) 차원에서 만들어진
가상의 맥도날드 표지판(CSES 자체 제작)

(C)2023. CSES

#2 　　　　세계가 글로벌화되면서 세계여행이 날로 증가하고 있다. 경험하지 못했던 새로운 세계를 직접 몸으로 체험하면서, 그 나라의 음식과 문화와 자연풍광을 즐기는 즐거움이 얼마나 신선하고 행복할까? 우리는 이런 여행을 할 때 불가피하게 비행기를 이용할 수밖에 없다. 몇 시간 비행기에 몸을 파묻

고 있다 보면 전혀 다른 신세계에 발을 내딛게 되니 말이다. 그런데 어느 순간 새로운 단어가 생겨나기 시작했다. 플라이트 쉐이밍(flight shaming)! 비행기 타는 것을 부끄러워해야 한다는 의미를 담고 있다. 왜 그럴까? 빌 게이츠의 저서인 『기후 재앙을 피하는 법』에서는 연간 이산화탄소 배출량이 510억 톤이라고 평가하고 있다. 이 배출량의 근원을 영역별로 따져 보면, 교통과 운송이 무려 17%에 달한다고 한다. 한 리포트에 따르면, 항공기에서 나오는 이산화탄소 배출량이 단독 항목으로 무려 5%였다. 플라이트 쉐이밍은 바로 이 5%라는 숫자에서 출발한다. 인간의 이동하고 싶은 욕구에서 출발한 비행기를 타는 것만으로도 우리의 지구 환경은 이산화탄소로 크게 악화되고 있다는 것을 이 두 단어로 표현하고 있는 것이다.

#3　　　　　비피(BP)라고 하는 영국의 정유회사에 대한 이야기이다. 비피 사는 2020년 2월에 최근의 기후 변화에 대응하여 '넷제로(Net-Zero) 2050' 전략을 발표했다. 재생에너지에 더 투자하고 탄소 분야에는 투자를 줄이겠다는 야심찬 계획이었다. 문제는 이런 야심찬 목표를 달성하기 위해서는 담대한 기업 행태의 변화가 수반되어야 한다는 점이다. 그 결과 비피 사는 석유와 가스 사업을 기존의 3분의 1 수준으로 대폭 축소하는 대신, 저탄소 에너지에 대한 자본 지출을 10배나 늘려 연간 50억 달러

를 투자하는 계획을 발표하게 된다. 많은 재원이 투자비용으로 들어가야 하니, 부득이 주주에게 돌아가는 배당금이 50%나 감소한다는 것도 함께 발표할 수밖에 없었다. 이 점에서 비피 사의 재무 담당자들은 주가 하락을 걱정하지 않을 수 없었는데, 당시 발표 시점 이후 비피 사의 주가 변동은 그들을 깜짝 놀라게 만들었다. 그들의 우려와는 반대로 무려 7.8% 이상이나 급등했던 것이다(Financial Times, Now Climate Change is taking BP apart, 2020.8.5.). 이건 또 왜 그랬을까? 주주들의 판단도 단기적인 배당금 감소에 그치지 않고, 비피 사의 중장기적 사업 비전의 담대함에 반응한 것으로 추정할 수 있다. 비록 단기적인 배당금은 감소한다 해도 기업의 지속 가능성에 부합하는 중장기 변화가 바람직하다고 보았기 때문일 것이다.

#4 뱅크시(Banksy)는 현시대의 가장 유명한 화가 중 한 사람으로 꼽힌다고 한다. 그는 그림도 훌륭하지만, 얼굴이 알려져 있지 않은 거리의 화가로도 유명하다. 2021년 3월 한 보도에 따르면, 뱅크시가 그린 '게임 체인저(Game Changer)'라는 제목의 가로×세로 각 1미터의 흑백 작품이 크리스티 경매에서 뱅크시 작품 중 최고가인 1천 440만 파운드(한화 약 224억 원)에 팔렸다고 한다. 놀라운 점이 한두 가지가 아닌 작품이었다. 우선, 당초 추정가는 최종 판매가의 5분의 1 수준인 250~350만 파

운드에 불과했다는 점이다. 많은 사람들의 관심이 최종 판매가를 급등시켰음을 알 수 있다. 둘째로, 그림이 담고 있는 메시지였다. 그 그림에는 장난감을 가지고 노는 한 남자아이가 등장하는데, 아이 곁에는 장난감 바구니가 놓여 있었다. 놀라운 점은 그 바구니에는 우리가 아는 히어로, 즉 배트맨이나 스파이더맨 인형들이 아이의 관심을 받지 못하고 내팽개쳐 있는 대신, 그 아이는 망토를 걸친 백의의 천사인 간호사 인형을 가지고 놀고 있다는 것이었다. 코로나 시대에 이 사회의 진정한 영웅은 바로 우리 곁의 간호사라는 점을 그림으로 표현하고 있었다. 더더욱 인상적인 것은 그 작품의 제목이 바로 '게임 체인저'라는 점! 현대인의 시대정신이 많이 달라져 있음을 이 한 장의 흑백 작품으로 실감하게 만든다. 작품의 뒷이야기도 감동적이다. 뱅크시는 코로나가 심해지고 있던 2020년 5월, 영국 사우샘프턴의 병원에 "여러분 모두에게 감사드리며, 비록 이 작품이 흑백이지만 병원을 조금이라도 밝게 하면 좋겠다."라는 내용의 메모와 함께 이 그림을 기부했다고 한다. 그리고 크리스티 경매사가 작품을 경매에 내놓은 날은 영국이 코로나19로 첫 봉쇄를 발표한 지 1년이 되는 날이었다고 한다. 크리스티는 수익금을 사우샘프턴 병원 직원들과 환자들의 복지 증진에 사용할 계획이라고 발표했다.

#5 그림 이야기가 나왔으니, 한 건의 그림을 더 소개해 보자. 미국의 제43대 대통령인 부시(George W. Bush)는 퇴임 이후에 자신의 취미였던 그림 그리기를 활용하여 그림책을 펴내고 있다. 첫 번째 그림책은 2017년에 퇴역군인 100여 명의 모습을 담은 『용기의 초상화 (Portraits of Courage)』였고, 2021년 4월에 두 번째 그림책을 발간하게 되는데, 그 그림책은 '이민자'를 주제로 했다. 미국 역사상 의미 있는 획을 그었던 올브라이트(Madeleine Albright) 국무장관, 키신저(Henry Kissinger) 외무장관 등은 모두 이민자 출신인 바, 이 그림책을 통해 부시 대통령은 이민자는 불화와 악의 원천이 아니라 미국의 '위대한 자산'이라는 점을 전파하고 있는 것이다. 그림책의 제목이 『아웃 오브 매니, 원(Out of many, One)』이라고 하니, 그야말로 인종의 용광로라고 하는 미국의 인종 평등을 웅변으로 보여 주는 최적의 그림책이 아닐까 한다. 묘하게도 부시의 그림책은 ESG(Environmental, Social and Governance) 시대의 사회(S)에 가장 부합하는 작품집이 아닐까!

#6 ESG 워싱(washing)의 극단적인 사례를 하나 들어 보자. 2018년 미국 친환경 자동차 기업인 니콜라(Nikola)는 극적인 음악과 함께 석양을 배경으로 길게 뻗은 도로를 주행하는 새로운 전기 트럭의 영상을 게시했다. 광고문구는 아래와 같이 적혀 있었다. "보세요! 1,000마력, 제로 배출의 니콜라 원 세미 트

력이 주행하는 모습입니다." 이 영상은 자동차 업계를 완전히 뒤바꿀 만한 잠재력을 보여 주었고, 투자자들은 당연히 열광할 수밖에 없었다. 2020년 여름 한때 잠시 니콜라의 기업 가치는 매출이 전혀 없었음에도 불구하고 포드(Ford)보다 높았던 적도 있었다. 이른바, 주식시장의 PDR (Price to Dream Ratio)의 힘이기도 했다. 그러나 영상은 가짜로 드러났다. 니콜라는 트럭을 언덕 꼭대기까지 끌어올린 후 굴러 내려가는 장면을 촬영했던 것이니, '전기 트럭'이 아니라 '중력 트럭'이었던 셈이다. 그 후 주가는 끝없이 하락했음은 말할 나위 없다.

#7   2021년 1월 7일 사상 처음으로 코스피가 3,000선을 돌파했고, 다음 날인 1월 8일에는 투자자들을 더욱 설레게 하는 소식이 들려왔다. 소문으로만 무성했던 '애플카(Apple Car)' 뉴스였다. 관련 기업의 주가는 급등했고, 애플카에 대한 대중의 관심은 높아져 갔다. 며칠 뒤, 미국의 CBS방송사에서 애플의 CEO 팀 쿡(Tim Cook)이 '중대 발표'를 한다는 홍보 뉴스가 나오자 많은 사람들은 혁신적인 기술을 탑재한 그 무엇인가를 기대하게 되었다. 막상 당일 그가 발표한 것은 애플카도 신형 아이폰도 애플워치도 아니었다. 새로운 혁신 기술은 하나도 없었다. 팀 쿡의 중대 발표는 1억 달러 규모의 인종 차별 방지 이니셔티브인 REJI(Racial Equity and Justice Initiative) 프로젝트를 운영하겠다는 내

용이었다. 흑인 대학과 협력해 글로벌 학습 허브를 설립하고, 디트로이트의 학생들에게 코딩 및 기술 교육을 지원하며, 흑인과 히스패닉 기업가를 위한 '벤처 캐피털 펀딩'을 마련하겠다는 것이 주요 골자였다. 어디에도 기술에 대한 이야기는 없었다. 이 사례 또한 ESG 시대로의 출발을 의미하는 좋은 예가 아닐까!

이상의 일곱 가지 에피소드에서 우리는 기업을 바라보는 달라진 시각을 체감할 수 있다. 보다 나은 환경을 위해 중장기적 관점의 투자를 해야 한다는 E(enviroment)에 대한 시각, 기업이 사회에 주는 다양한 영향력을 감안하여 각종 평등 조치를 제도화해야 한다는 S(social)에 대한 시각, 그리고 E와 S에 대한 여러 조치를 기업 속에 내재화하기 위한 G(governance)적인 제도화 등등 말이다. 더 이상 재무적 성과(economic performance)로만 기업의 지속 가능성을 평가하는 시대는 종언을 고했다고 해야 하지 않을까! 이렇듯, 어느새 재무적 성과뿐만 아니라 사회적 가치(Social Value), 구체적으로는 ESG 성과까지 균형 있게 만들어 가는 기업에 대한 시장의 요구가 거세지고 있는 것이다. 당연히 자본주의를 만들어 가는 기업가들의 '기업가정신' 또한 큰 변화를 하지 않을 수 없겠다.

이 시점에서 우리는 이러한 질문을 하게 된다. "이렇게 달라진 시각은 한때 지나가는 미풍에 불과할까? 아니면, 우리의 경제

생태계를 뒤바꾸는 결정적인 태풍일까?" 이 질문에 대한 답은, "이렇게 바뀐 시각의 이면에 내포되어 있는 생각의 변화는 대체 무엇일까?" 하는 근본적인 질문과도 연관된다. 거대한 변화의 이면에 깔려 있는 경제철학적 변화를 설명하기 위해서, 다음 절에서는 최근 들어 급부상한 '이해관계자 자본주의'에 대해 고찰해 보고자 한다.

2　이해관계자 자본주의

1) 다보스 매니페스토 Ⅰ (1973)

자본주의의 발전사와 연관된 것으로, 지금까지 현재 자본주의에서 기업의 목표(purpose)는 수익의 극대화, 나아가 주주 이익의 극대화로 대별되는 '주주 자본주의(Shareholder Capitalism)'였다. 이는 1970년도에 유명한 경제학자인 프리드먼(Milton Friedman)이 제시한 것으로, '프리드먼 독트린(Friedman Doctrine)'으로 불리면서 제2차 세계 대전 이후 자본주의 경제학의 큰 가정으로 널리 회자되었다. 주주 자본주의의 가정은 단순하고도 워낙 강력했기 때문에, 1998년도에 발간된 OECD의 기업지배구조 보고서(Corporate Governance : A Report to the OECD)에서도 여전히 그 명맥을 유지하고 있었다.

그러다가 이보다 더 넓은 개념으로서 '이해관계자 자본주의(Stakeholder Capitalism)'란 개념이 최근 들어 다수의 지지를 받고 있다. 이는 1973년 다보스 포럼이 발표한 '다보스 매니페스토 I(Davos Manifesto I)'에서 새롭게 제시된 바 있다. 여기서는 기업의 목적을 여러 이해관계자들의 다양한 이해관계를 조화롭게 하는 것(harmonize the different interest of the stakeholders)으로 정의했다. 하지만 이 당시에 제시된 이해관계자 자본주의는 일종의 연성규범으로 이해되었고, 그래서 '윤리강령(Code of Ethics)'이란 이름으로 발표되었다. 이후 이해관계자 자본주의는 오랜 기간을 거쳐 서서히 그 존재감을 키워 왔다.

드디어, 2019년에는 미국의 상공회의소 격인 비즈니스 라운드테이블(Business Roundtable)에서 '기업의 목적에 대한 성명서(Statement on the Purpose of a Corporations)'를 발표하게 된다. 여기서는 본격적으로 기존의 주주 자본주의에서 탈피하여 모든 이해관계자의 이익에 부합하도록 노력하는 이해관계자 자본주의로의 이전을 주창했다. 이러한 움직임은 대서양을 사이에 둔 영국에서도 유사하게 나타나는데, 그것이 바로 영국의 유력 경제일간지인 파이낸셜 타임즈(Financial Times)가 주창한 '타임 포 리셋(Time for a Reset)' 운동이었다. 대서양 양안의 움직임은 자본주의가 심화되면서 나타난 자본주의의 병폐를 치유하기 위한 치열한 고민의 결과라고 하겠다.

2) 다보스 매니페스토 II(2020)

자본주의의 병폐에 대한 심각한 인식은 마침내 다보스 포럼에서 새롭게 '다보스 매니페스토 II(Davos Manifesto II)'로 본격화했다. 2020년은 다보스 포럼 설립 50주년이 되는 해로, 이를 기념하여 새롭게 자본주의의 본질에 대해 고민하게 되었다. 그 결과 2020년의 테마로 '지속 가능한 세상을 위한 이해관계자(Stakeholder for a Cohesive and Sustainable World)'를 내세우고, 다보스 매니페스토 II의 주제도 '제4차 산업혁명 시대 기업의 보편적인 목적(The Universal Purpose of a Company in the Fourth Industrial Revolution)'으로 결정했다. 다보스 매니페스토는 약 47년간의 시차를 두고 공통 주제인 '이해관계자' 중심 자본주의가 어떻게 진화 발전해 왔는지를 보여 주고 있는 바, 이제는 연성규범을 넘어서서 하나의 행동강령으로 한층 강화된 것이다. 즉, 2020년에 발표된 다보스 매니페스토 II는 본격적으로 이해관계자를 경제활동의 중심에 내세우고, 기업의 목표는 가치 창출에 있어서 이해관계자와 직간접적으로 연계되어야 한다(to engage all its stakeholders in shared and sustainable value creation)는 점을 분명히 하고 있다. 그리고 구체적으로는 "기업은 단순한 경제적 주체 그 이상(Company is more than an economic unit)이 되어야" 하며, 기업들의 성과는 기존의 경제적 수익뿐만 아니라 기업의 ESG 목표 달성도까지 함께 측정되어야 한다고 강력하게 설파하고 있다.

[그림 2] 다보스 매니페스토 비교

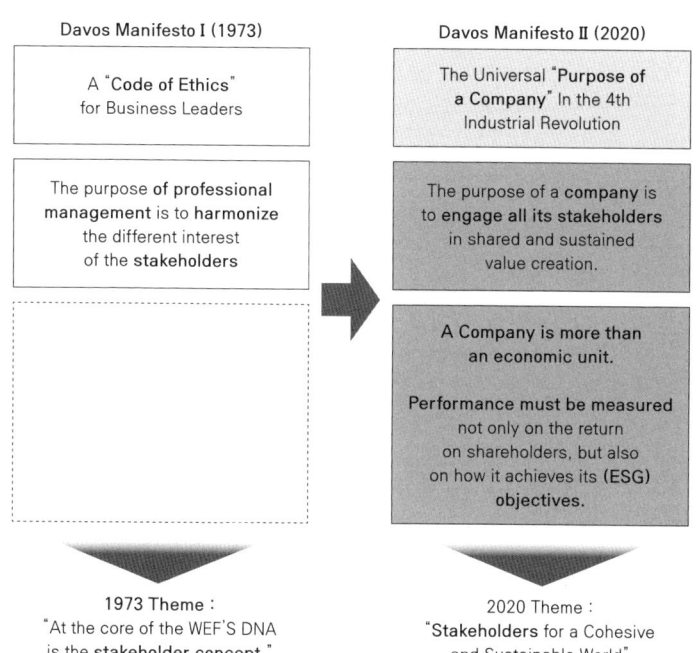

다보스 포럼 측에서는 2020년 다보스 매니페스토 II 발표 이후에 세계 지성들과의 논의를 통해, 2021년 1월에 클라우스 슈바프(Klaus Schwab) 박사 명의로 새로운 저서, 『이해관계자 자본주의(Stakeholder Capitalism)』를 내놓게 된다. 이 책에서는 기존의 주주 자본주의에서는 경제적 성과(Prosperity)로 대별되는 '1P'의 사회였으나, 이해관계자 자본주의 시대에서는 여기에 2개의 P(People,

Planet)를 덧붙여 '3P' 중심적 사고로 변화해야 함을 강조했다. 그리고 이해관계자 모형을 기업에 도입한 우수 기업인으로서 짐 스나베(Jim Snabe) SAP CEO를 예로 들었다. 그가 SAP에 CEO로 있을 당시 내세웠던 10년 내 탄소 배출 절반 감소 및 2배 수익의 목표를 조기 달성한 사례와 이후 해운사인 머스크(Maersk)로 자리를 옮겨 투명 경영을 실천함으로써 조세 정의를 실천하고, 환경 개선을 위해 가장 수익성이 높았던 자회사를 처분한 사례 등을 소개하고 있다.

아울러, 이해관계자 모형의 모범 국가 사례로 뉴질랜드와 싱가포르를 들었다. 코로나 사태 당시 뉴질랜드 정부의 대응을 배경으로 정책결정 시 경제지표인 국내총생산(GDP) 외에 새로운 개념으로 LSF(Living Standard Framework)와 같은 국민의 '삶의 질'을 고려한 정책을 모범 사례로 소개했다. 싱가포르의 경우는, 교육, 의료 서비스, 주택 문제, 디지털 연결성에 심혈을 기울이며 공공-민간의 협력을 통해 국민의 삶의 질을 향상시킨 사례를 이해관계자 모형의 좋은 예로 소개했다. 결국, 슈바프 박사는 이 저서를 통해 특정 단체가 자신의 이익만을 추구하며 여타 이해관계자의 이익을 고려하지 않는 시대는 이제 종언을 고했음을 강력하게 설파하고자 했던 것이다.

[그림 3] 2020년 슈바프의 이해관계자 모형의 콘셉트

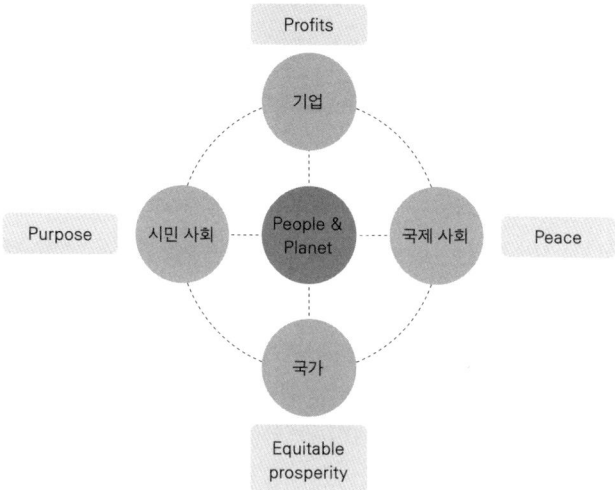

자료 : Klaus Schwab, Stakeholder Capitalism, 2021

3 위대한 리셋
: 새로운 기업가정신의 출현

    3P로 대별되는 이해관계자 자본주의 시대에 더 이상 경제적 성과만을 추구하는 주주 자본주의적 견해로는 기업의 지속 가능성을 담보하기는 불가능해졌다. 기업은 거대한 쓰나미처럼 몰려온 이해관계자 모형을 어떤 식으로 수용, 발전시켜야 할까? 이제 우리는 좋은 기업을 넘어 위대한 기업이 되고자 하는 그 첫걸음으로 '리셋(RESET)'의 다섯 가지 키워드를 제시해 보고자 한다.

1) 마인드셋의 변화 : 책임(Responsibility)의 개념 변화

    기업의 책무로서 기존에 제시된 법과 제도적인 기준을 준수하는 의미의 소극적 책임인 어카운트빌러티(accountability)는 현 시점에서는 당연한 필요조건이다. 이해관계자 자본주의 시대에서는 이를 넘어, 기업 스스로 이해관계자의 범위를 확장하고, 윤

[그림 4] Reset : 이해관계자 자본주의와 사회적 가치

			전	후
마인드셋	R	Responsibility	소극적책임 주주	대응적 책임 이해관계자
환경이슈	E	Environment	규제적 제도	시장 메커니즘
사회이슈	S	Social	기업의 사회적책임	사회적 가치 × 지배구조
기업가정신	E	Enterpreneurship	혁신과 기술 (기술만능)	임팩트와 품위 (인본우선)
기업가치	T	Total Value	나의 자본	우리의 자본

자료 : 사회적가치연구원 내부자료, 2021

리적으로 공감 반응하는 적극적 책임인 대응적 책임(Responsiveness)을 지향해야 할 것이다. 이는 기업의 책임을 바라보는 마인드셋으로서 위대한 리셋의 첫걸음이 되어야 한다. 종전에는 주주의 이익에 대한 책임이 중심이며, 주주와의 관계는 가시적인 경제적 가치로 맺어진 경제적 관계였다면, 이제는 기업을 둘러싼 여러 이해관계자들 간의 네트워크 내에서 직간접적으로 연결된 다수 관계자와의 영향력, 책임의 수준을 파악해야 할 것이다.

이러한 마인드셋의 변화는 슈바프 박사가 주창한 이해관계자 자본주의의 실행 수단으로서의 SCM(Stakeholder Capitalism Metrics, 이해관계자 매트릭스)지표에서도 확인해 볼 수 있다. SCM지표는 21개의 핵심지표와 34개의 확장지표로 구성되어 있으며, 2021년

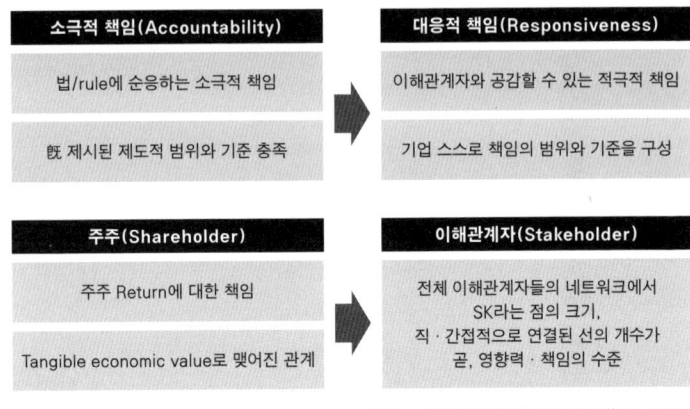

[그림 5] 마인드셋의 변화 : 대응적 책임과 이해관계자

자료 : 사회적가치연구원 내부자료, 2021

1월 현재 BOA, HSBC, UBS, 엑센추어, 맥킨지, 보스톤 컨설팅, BP, 델, IBM 등 61개 기업이 참여 선언을 한 상태이다. 슈바프 박사는 2020년이 이해관계자 자본주의의 선언을 한 해였다면, 2021년은 이해관계자 자본주의로의 전환을 위한 장기 실행 계획을 수립해야 하는 해로 규정하면서, 그 중요한 근간으로 SCM지표를 발표했다. 우리가 품어야 할 적극적 개념의 대응적 책임은 바로 이러한 SCM지표와 맥이 닿아 있다 하겠다.

2) 환경 이슈의 부각 : Environment

이미 전 세계적으로 환경 문제 해결은 초미의 국제적 관심사가 되었다. 환경 문제 해결을 위해 화폐화, 자발적 노력 그리고 환경 성과 중심의 제도 설계와 실험이 각국에서 다각적으로 진행되고 있다. 여기서 가장 큰 특징은 기존의 '규제제도적(coercive institution)' 환경 해법에서 이제는 '시장 메커니즘적(market mechanism)' 환경 해법으로 변모하고 있다는 점이다. 즉, 기존에는 기업이 '발생'시킨 환경 문제의 해결에 집중하면서 '기업 관점'의 사회적 편익과 비용에 초점을 두고 거기에 얼마의 자원을 '투입'하느냐가 중점이었다. 하지만 향후의 환경 이슈는 '전 사회적인 환경 문제'로 그 영역이 확대되고, 기업을 넘어선 '사회 전체'의 편익과 비용을 계산하면서 투입 자원보다는 환경 문제 해결 '성과'에 초점을 두는 식으로 변화해야 한다. 이러다 보니 정책의 주안점은 자연스럽게 기업의 자발적인 참여, 그리고 이에 대한 동기유발 차원에서의 인센티브 시스템으로 이동하게 되는 것이다.

[그림 6] 환경 이슈의 부각 : 시장 메커니즘에 근거한 환경정책

규제적 제도(Coercive Institution)	시장 메커니즘(Market Mechanism)
기업이 발생시킨 환경문제 해결에 집중	전 사회적인 환경문제 해결로 영역 확대
기업의 사회적 편익, 비용 계산	사회 전체의 편익, 비용 계산
환경문제 해결에 투입한 자원에 초점	환경문제 해결 성과에 초점
정부규제/시민단체 등 강제적, 규범적 시행	자발적 참여, 인센티브 동기부여

자료 : 사회적가치연구원 내부자료, 2021

이 같은 시각 변화를 단적으로 보여 주는 것이 최근에 불고 있는 '자발적 탄소시장 확대를 위한 태스크포스(TSVCM : Taskforce on Scaling Voluntary Carbon Markets)'라 하겠다. 이 태스크포스는 UN기후변화 특사인 마크 카니(Mark Carney)의 주도하에 50여 개 기업, 140여 개 전문가 그룹이 2020년 가을에 창설한 국제적인 이니셔티브로, 넷제로 목표 달성을 위해 탄소 상쇄분을 금융상품으로 거래하는 새로운 탄소시장을 만들어 가기 위한 글로벌 플랫폼이다. 이미 6개 주제와 20가지 권고사항이 담긴 청사진을 발표했는데, 이중 6개 주제의 면면을 보면, 환경 문제 해결 '성과'에 초점을 둔 '시장 메커니즘' 중심적 사고임을 실감할 수 있다. ① 탄소 크레딧의 품질 보증을 위한 핵심 탄소원칙 및 택소노미, ② 높은 유동성 확보를 위한 핵심 탄소 레퍼런스 계약, ③ 탄소 상쇄분 거래를 위한 인프라 조성, ④ 탄소 상쇄분 합법성에 관한 시장 참여자의 동의, ⑤ 시장 효율성·투명성 강화 절차로서의 마켓 통합 검증, ⑥ 산업계 전반의 수요 등이 바로 6대 주제이다. 한편, TSVCM은 2021년 11월 영국에서 개최된 환경정상회의(COP26)를 계기로, 1년 여의 시범 기간을 거쳐 자발적 탄소시장을 본격 가동할 야심찬 계획으로 발전한 바 있다. 이들의 노력으로 최소한 탄소시장에서는 '시장 메커니즘'의 활용을 위한 노력이 한층 가속화될 전망이다.

3) 사회 이슈의 부각 : Social

어느새 기업의 사회 이슈는 기업의 사회적 책임(CSR : Corporate Social Responsibility) 개념을 넘어서는 큰 개념으로 발전했고, 사회 이슈를 어떻게 기업의 생산과 제조에 내재화할 것인가에 대한 고민과 실험으로 발전되고 있는 양상이다. 어찌 보면, ESG 시대에서는 CSR 차원의 취약계층에 대한 자선 및 기부는 그야말로 최소한의 기본이 된 듯하다. 2021년 1월에 온라인으로 개최된 다보스 어젠더 위크에서도 사회 이슈는 다각도로 논의가 되었는데, 특히 페이팔(Paypal)의 CEO인 댄 슐먼(Dan Schulman)은 '직원 형평성 문제가 최우선 순위'라는 발언을 한 바 있다. 실제로 페이팔은 직원들이 금융 보장과 건강 증진을 위해 얼마나 돈을 벌어야 하는지에 대한 분석을 시도했다. 이때 핵심 개념으로 소득에서 세금과 필수 생활비를 제외하고 남은 '순처분 가능 소득(NDI : Net Disposable Income)'을 계산해 본 결과, 직원 절반가량의 NDI는 4~6%였다고 한다. 이에 페이팔은 건강 관리비용을 절감하고, 급여를 인상하는 등 여러 변화를 도입하여 NDI를 4%에서 16%까지 올렸고, 2021년말까지 20% 달성을 목표로 제시했다고 한다. "직원의 재무적 복지, 인종적 형평성 달성 등은 CEO들의 우선 의무사항이다."라는 것이 슐먼의 발언 요지였다.

다른 예로, 미국에서 벌어진 '정의로운 예금(Justice Deposit)',

'정의로운 자본(Justice Capital)' 운동을 소개해 본다. 이는 취약계층이나 후진 지역의 발전에 사용할 목적으로 현금 자산의 일부를 예치, 투자하는 일종의 약속 및 실천 운동이라 하겠다. 이 운동의 결과 약 8억 달러 규모의 돈이 '정의로운 예금'으로 예치되었는데, 이는 흑인이 소유하거나 운영하는 은행 총 자산액의 20%에 해당하는 큰 규모라고 한다. 대표적으로 넷플릭스가 흑인 소유 은행에 현금 자산의 2%인 1억 달러를 예치했고, 기타 트위터(현 X)와 페이팔은 지역개발금융기관(CDFIs : Community Development Financial Institutions)에 저소득 계층의 지원 활동에 사용할 목적으로 각각 1억 달러, 5억 달러를 예치했다고 한다. 최근 인종 문제로 대두되었던 BLM(Black Lives Matter, 흑인의 생명도 중요하다) 운동에 힘입은 바 있으며, 결과적으로 흑인 소유 은행과 지역개발금융기관의 기업 영업에도 일조한 것으로 이는 취약계층과 취약 주민들에게 실질적인 혜택으로 연결되었다. 정의로운 예금 운동은 상대적으로 손쉽고 안전하게 사회적 변화를 이끌어 낼 수 있는 방법으로 호평을 받고 있다고 한다.

4) 기업가정신 : Enterpreneurship

지금까지 글로벌 경제발전의 동력은 기업의 혁신적 아이디어와 기술이었다고 해도 과언이 아니었다. 2020년대 초 다보스 포럼이 강조했던 '제4차 산업혁명'도 기술이 만들어 가는 세상

[그림 7] 기업가정신의 중점 이동 : 임팩트와 품위 중심

혁신과 기술 (Innovation & Technology)	임팩트와 품위 (Impact & Dignity)
2차 세계대전 이후 글로벌 경제발전의 동력	최소한의 자격으로서 ESG
2007년 세계 GDP 최고점 이후 저성장 (new normal)	(품격있는 기업의 근원) 투명성, 공정성, 신뢰성
생명공학/의학/AI 등이 불평등과 분열 조장	Purpose-driven Enterprise

글로벌 CEO들의 최근 3년간 주총 연설문 키워드(2020.4월)	
자주 등장하는 단어	Community, Customer, Committed, Connect, Innovate, Society
새롭게 등장하는 단어	People, Purpose, Climate change, Data
Founder-CEO	Purpose beyond Profit

(자료 : 사회적가치연구원 내부자료, 2021)

에 대한 내용이 주류였다. 하지만 최근에는 목적 중시 기업(Purpose-driven Enterprise)에 대한 관심이 놀라울 정도로 커지고 있다. 키워드로 요약하면, 혁신과 기술(Innovation & Technology)에서 임팩트와 품위(Impact & Dignity)로 변화한 것이다. 현 시점에서는 기업가정신의 최소 자격으로 ESG가 전제 요건이 되었으며, 품격 있는 기업은 투명성, 공정성 그리고 신뢰성과 같은 무형의 가치로 무장한 목적 중시 기업으로 변모하고 있다.

실제로 이런 변화는 사회적가치연구원과 홍익대학교 현은정

교수의 연구에 의하면 2020년 4월에 분석한 글로벌 CEO들의 최근 3년간 주총 연설문의 키워드만 보아도 쉽게 파악할 수 있다. 첫째, 자주 등장하는 영어 단어로는 'Community, Customers, Committed, Connect, Innovate, Society'이며, 둘째, 새롭게 등장하는 단어는 'People, Purpose, Climate Change, Data' 등이다. 특히 회사 설립자가 현재 CEO를 겸임하고 있는 회사의 경우에는 'Purpose beyond Profit'이라는 문구가 가장 영향력 높게 파악되었다.

다보스 포럼의 슈바프 박사 저서에서도 기업의 사회적 역할에 대한 언급이 나오는데, 그는 "사회적 선호(social preference)를 건강한 삶으로 바꾸는 기업이 필요하다."라고 주장한다. 현재 문제가 되고 있는 환경오염은 시장 실패, 기업과 정부의 리더십 부족에서 기인한 것이 아니라, 인간의 생존 본능을 넘어 번창하려는 내재된 욕망에서 기인한다고 본다. 그리고 현존하는 글로벌 사회문제를 바꿀 네 가지 메가 트렌드로 ① 도시화, ② 인구구조 변화, ③ 기술, ④ 우리(us)를 제시하고 있다. 이 중 제일 마지막인 '우리'의 역할이 중요한데, 특히 우리 개개인의 사회적 선호를 바꾸어야만 더 나은 사회가 되며, 사회적 선호의 방향은 편안한 삶이 아니라 '건강한 삶'이어야 한다는 것이다. ESG 시대의 새로운 기업가정신'은 우리의 사회적 선호를 건강한 삶으로 바꾸는 기업인의 정신이어야 할 것이다.

5) 토털 밸류 : Total Value

앞서 언급한 네 가지 명제의 결과, 우리가 보는 기업의 가치는 더 이상 개별 경제행위자의 경제적 가치의 집합체인 '나'의 자본(My Capital)으로만 국한되어서는 곤란하겠다. 사회 전체의 경제적 가치와 사회적 가치의 합인 '우리'의 자본(Our Capital)으로 폭넓게 이해되어야 할 것이다. 이것이야말로 주주 자본주의의 좁은 가치를 넘어선 이해관계자 자본주의의 넓은 가치 개념이다. 이를 위해서는 기존 경제학에서 보던 협의의 자본과 가치의 개념을 재정의하는 노력이 전제되어야 하는데, 2021년 1월 다보스 어젠더 위크에서 슈바프 박사가 한 발언과 일맥상통한다 하겠다.

"빈곤 등 다양한 이슈들은 우리가 충분한 부를 창출한다면 해결될 수 있다. 우리에게 부의 창출이 필요하지만, 여기서의 부는 단지 금융 자본만이 아닌 인적 자본, 사회적 자본, 자연 자본을 포괄해야 한다. 자본에 대해 훨씬 더 큰 정의를 받아들이고, 이를 공유하는 새로운 방법을 만들어야 한다. 그리고 우리는 자본을 더 큰 개념으로 재정의해야 한다(We need to embrace a much larger definition of capital)."

4　새로운 기업가정신의 셈법
: 파이 키우기 사고방식

　몇 년 전 큰 관심을 끌었던 책 한 권을 소개해 본다. 바로 런던비즈니스스쿨의 알렉스 에드먼스(Alex Edmans) 교수가 저술한 『파이 키우기(Grow the Pie)』인데, 우리나라에서는 『ESG 파이코노믹스』라는 제목으로 번역 출간되었다. 이 책은 ESG를 기업의 시각으로 보았을 때, 기존의 파이 쪼개기 사고방식(Pie-splitting mentality)이 아닌 파이를 키우는 사고방식(Pie-growing mentality)으로의 전환을 강조하고 있어 경영자들의 이목을 끌기에 충분하다. 즉, 파이를 키우는 사고방식은 모든 구성원이 같은 목적을 가지고 장기간 함께 일할 때 파이 조각이 커지는 방식으로 공유된 가치가 창조된다는 것인데, 여기서 파이는 '이익'이 아닌 '사회적 가치' 혹은 'ESG'를 상징하며, 이익은 단지 파이의 일부분을 의미한다고 보고 있다. 놀랍게도 이 주장은 최근 ESG라는 용어를 통해 우리가 많이 들어본 이야기이다.

에드먼스 교수는 이런 논의의 결과 파이코노믹스(Pieconomics), 즉 먼저 사회적 가치 창출을 통해서 이윤도 창출하려는 기업활동에 대한 접근법을 주창하고 있다. 여기서 파이는 기업이 사회를 위해 창출하는 가치를 의미하며, 사회에는 투자자뿐만 아니라 동료, 고객, 공급자, 환경, 정부, 지역사회라는 다양한 이해관계자가 포함된다고 본다. 그리고 파이코노믹스를 추구하는 것이 ① 직접적으로 이윤만 추구하는 것보다 결과적으로 더 많은 이윤을 창출할 수 있으며, ② 투자자의 파이 조각을 줄이는 것보다 이해관계자들에게 더 많은 가치를 창출할 수 있다고 본다. 물론 파이를 키우는 것은 상충관계(trade-off)를 수반함을 인정하고 있다.

파이를 키우고자 하는 기업은 첫째, 파이의 크기를 늘리는 것을 목표로 하고, 둘째, 가능한 한 어느 구성원의 파이 조각도 줄어들지 않도록 노력해야 한다. 여기서 두 번째 목표는 항상 실현 가능한 것은 아닐 수 있으므로 이런 상충관계를 조율하는 데 경영자인 리더의 판단과 기업의 목적이 중요하다고 강조한다. 이렇게 기업 내부적으로도 기업 경영을 ESG 사고가 전제된 것으로 이해하고 여러 이해관계자의 이익을 위해 노력하고자 하는 'ESG 경영'이 최근 경영학계에서도 새롭게 재조명되고 있는 것이다.

에드먼스 교수의 서술 중 의미 있는 한 가지를 강조해 보고자 한다. 기존의 파이 쪼개기 사고방식에 젖은 채 우리가 은연중에 써 왔던 중요 어휘들이 파이를 키우는 사고방식에서는 새롭게 정의되어야 한다는 주장이다. 다음 그림은 우리가 부지불식간에 사용하는 단어들에 대한 새로운 인식을 잘 담고 있다. 기업을 Corporation보다는 Enterprise로, 기업의 경영진을 Executives보다는 Leaders로, 우리 구성원을 Employees보다는 Colleagues로 이해해 보자는 것이다. 단순한 어휘의 정의 및 수정에 불과할 수 있지만, 이 또한 ESG로 재무장한 이해관계자 자본주의에서는 의미 있는 작은 노력으로 내재화될 필요가 있겠다.

아울러, 에드먼스 교수는 파이 키우기 사고방식하에서 리더의 판단에 지침이 될 세 가지 원칙도 함께 제시했다. 첫째, 경쟁 우위의 원칙(The Principles of Competitive Advantage)으로, 기업이 해당 활동을 통해 다른 기업보다 더 많은 가치를 창출하는지를 따져 보아야 한다는 것이다. 둘째, 중요성의 원칙(The Principles of Materiality)으로, 이해관계자가 사업에 중요한 영향(사업적 중요성)을 미치거나 기업이 염려하는 이해관계자인지 여부(본질적 중요성) 등 특정 이해관계자가 그 기업에 중요한지를 따져 보아야 한다는 것이다. 셋째, 곱셈의 원칙(The Principle of Multiplication)으로, (투자자에 더 많은 이윤을 창출하는지가 아니라) 특정 활동이 기업이 치르는 비용보다 이해관계자에게 더 많은 가치를 창출하는지를 따져 보아야 한다는 것이다. 기존 기업들은 첫 번째 경쟁 우위는 익히 알고 있지만, 둘째 및 셋째 원칙에 대해서는 거의 인식하지 못하고 있다. 이제 ESG 시대, 이해관계자 자본주의의 시대에서는 그 이해관계자

[그림 8] 파이 키우기 사고방식으로의 전환

파이-쪼개기 사고방식 Pie-splitting mentality	파이-키우기 사고방식 Pie-growing mentality
Corporation '기업'을 부당한 착취의 독점자라고 표현할 때	**Enterprise** '기업'이 파이를 키울 수 있는지에 대해 설명할 때
Executives 회사의 경영진, 수동적으로 일상적인 활동을 수행하는 사람	**Leaders** 새로운 전략지시를 추구하고 업무에 새로운 영감을 불어넣는 사람
Compensation 내적동기가 없는 이사진(executives)이 받는 보상	**Reward** 내적동기를 가진 이사진(leaders)이 받는 보상
Employees 고용인의 명령에 응하는 사람	**Colleagues** 기업의 파트너로서 기업의 성장에 기여하고 요인
Consumers 1회 구매자	**Customer** 장기적 고객
Shareholders 단지 수동적으로 기업의 주식을 가지고 있는 사람	**Investors** 적극적으로 모니터링과 관여를 통해 장기적 관점에서 회사의 성공을 위해 투자하는 사람

자료 : 알렉스 에드먼스, 『ESG 파이코노믹스』, 매일경제신문사, 2021

가 본질적·사업적으로 중요한 대상인지에 대한 판단이 있어야 하며, 결정적으로 이윤의 과다 측면이 아니라 이해관계자에게 귀속되는 가치의 창출 여부에 주목해야 함을 강조하고 있다. ESG에 내재화된 경영 마인드를 함축적으로 잘 표현해 준 것이라 하겠다.

5 맺음말

　지금까지 ESG 시대를 관통하는 시대정신이 무엇인지 몇 가지 대표적인 에피소드로 고찰해 보았다. 그리고 그 면면에 흐르는 새로운 자본주의에 대한 시각으로서 '이해관계자 자본주의'를 살펴보았다. 마지막으로 달라진 시대정신에 부합하는 우리의 행동 원칙으로서 리셋(RESET)으로 표현되는 다섯 가지 키워드와 새로운 사고방식에 대해 살펴보았다. 개인별 또는 조직별로 이견이 있겠지만, 분명한 것은 지금까지의 자본주의는 분명히 달라져야 한다는 것에는 이론의 여지가 없다고 본다.

　이러한 변화를 이해하기도 힘들지만, 이러한 변화를 하나의 문화로 정착시켜 가는 것은 더욱 힘든 일일 것이다. 우리 모두가 큰 변화라고 하는 폭풍우 속에 놓여 있지만, 제각각 다양한 배에서 폭풍우를 만나고 있기 때문에 그 대응의 강도는 다를 것이다.

치열한 경쟁사회에서 우리가 지향해야 할 바는, '말로 행동을 변명'하는 실패자(loser)의 자세가 아니라 '행동으로 말을 입증'하는 승리자(winner)의 자세여야 한다. 이상의 다섯 가지 리셋이 바로 우리에게 간절한 '새로운 기업가정신'의 바탕으로 자리 잡기를 기대해 본다.

참고문헌

- Klaus Schwab, Stakeholder Capitalism : A Global Economy that Works for Progress, People and Planet, Wiley Press, 2021.
- Alex Edmans, Grow the Pie, Cambridge University Press, 2020.
- 알렉스 에드먼스, 『ESG 파이코노믹스』, 매일경제신문사, 2021.

우리나라의 기업가정신

발현과 그 성과

이주선

미국 오하이오 주립대학교 대학원 경제학박사
기업&경제연구소장
연세대학교 경영대학 연구교수
논객닷컴, 문화일보 칼럼리스트
전 정부 규제개혁위원회 위원
저서:「AI 임팩트」등 다수

1 들어가며

　우리나라는 20세기 중·후반 식민지에서 독립한 신생국 가운데 1인당 국민소득이 4만 달러에 가까운 선진국이 된 몇 안 되는 나라이다. 이런 눈부신 경제발전에는 기업가정신 발현이 핵심적 역할을 했다. 기업가정신은 경제발전의 핵심 요인인데, 개발도상국에서는 경제성장 견인에 필요한 요건 가운데 가장 부족하다. 자본은 외국에서 차입될 수도 있고, 기술이나 중간재도 수입할 수 있지만 이를 효율적으로 결합하는 기업가가 나타나는 것은 쉬운 일이 아니다. 사실 이 필요한 요건들을 창의적인 역량으로 효율적으로 결합하여 물건이나 서비스를 공급하는 것은 기업가이고, 이들이 이 과정에서 발휘하는 게 기업가정신이다.

　우리나라의 경제발전에 산업정책도 큰 역할을 했으나, 그보다 더 큰 역할을 한 것은 우리나라 기업가들이 경제발전 과정에서 발현한 기업가정신이었다. 그러므로 기업가들의 역할과 기업가정신 발현이 가져온 성과를 구체적으로 이해하는 것은 우리가 누리는 번영과 진보를 올바르게 이해하는 데 매우 중요하다.

우리나라 기업은 해방 이래 정부정책과 제도 변화에 적응하면서 발전·진화해 왔다. 이에 이 글은 기업가정신 발현의 주된 특징이 변화된 시기를 산업기반 형성기(해방~1971), 고도성장기(1972~1987), 패러다임 전환기(1988~1997), 위기극복 및 선진사회 도약기(1998~현재)의 네 시기로 나누어 설명하고자 한다. 각 시기의 정부정책과 기업환경 변화로 인한 도전에 기업과 기업가의 대응을 면밀하게 살펴보고 여기에 발현된 기업가정신을 정리할 것이다.

2 산업기반 형성기(해방~1971)의 기업가정신

해방 이후 1960년대 경제개발을 시작한 시기에 이르러서야 식민지의 수탈과 전쟁으로 피폐해졌던 한국경제는 빈곤의 악순환에서 탈피하여 도약 시작 단계에 이르렀다. 이 시기에 우리나라는 산업화와 민주화를 동시에 실현할 제도적·사회적 기초를 놓았다.

해방 직후 대한민국 건국, 자유민주주의 정치체제 및 시장경제체제를 근간으로 한 대한민국 헌법이 채택되었고, 이것이 오늘날 우리가 누리는 자유와 권리 그리고 경제적 번영의 토대가 되었다. 헌법의 채택은 해방 이후 우리나라의 발전과 번영 방향의 설정과 자유와 권리 확대에 핵심적인 역할을 했다.

이 시기에 있었던 농지개혁, 귀속재산 불하, 한일국교 정상화, 월남파병 및 제1·2차경제개발계획 등은 경제발전에 중요한 전기가 된 제도적·정책적 틀이 되었다. 1950년 발발한 한국전쟁과

이에 따른 미국의 원조와 전후복구, 베트남전쟁 등도 이 시기 기업활동과 경제발전에 큰 영향을 미친 환경으로 작용했다.

신생 독립한 세계 최빈국 중 하나였던 이 나라에서 해방 이후 기업들이 태동한 것은 정크선에 물자를 실어 와 물물교환을 하던 무역업에서부터였다. 정부 수립 이전부터 무역업은 시작되었고, 1946년 이후에는 홍콩, 마카오, 일본으로 확대되었다. 무역은 1950년 발발한 한국전쟁으로 인해 미국과 유럽까지 확장되었다. 이 시기 무역업에 종사한 기업인들이 그 경험과 지식으로 1960년대 이래 추진된 수출지향적 경제개발정책에 적극적으로 호응할 수 있었다.

또 한국전쟁으로 미국의 원조 확대가 본격화되면서 원조물자 배정과정에서 근대적 제조업 참여 기업들이 나타나기 시작했다. 무역업, 도정업, 미곡상 등으로 자본을 축적하고 기업경영 경험을 가진 기업가들이 원조물자 가공·제조 설비를 건설하는데 투자하여 제분·제당·제면 등 '3백 산업'에서 대표적 기업들로 성장했다. 또 귀속 재산 불하 참여 기업인 중에도 대규모기업집단이 되는 기틀을 마련한 사람들이 있었다.

이렇게 해방 후 1950년대 전후복구기까지 기업가들은 대개 기업 불모지인 우리나라에서 새 산업에 진출하고, 외국무역과 원료 확보 경쟁에 적극적으로 나섰다. 또 시장을 넓히고 원료를 안정적으로 확보할 수 있는 분야에서 적극적인 경쟁에 나섰다. 그리고 여기서 수익을 창출하여 자본을 축적하고 경영 노하우와 경험을 쌓는 기업가정신을 발휘했다. 이러한 노력으로 1950년대 말 일부 성공적인 기업들은 이미 대규모기업집단을 형성할 정도로 다각화를 실현하여 기업의 성장동력을 마련하는 데까지 나아갔다.

이 시기 정부는 제도적·정책적 틀을 마련하고 기업가들이 기업을 설립하여 성장시켜 나가는 데 중요한 기회를 제공하는 창의적 역할을 했다. 이 틀 아래서 기업가들은 위험을 두려워하지 않고 창업하며 시장을 확대하고 새로운 제품과 서비스 생산에 진력하여 경제발전의 견인차가 될 전기를 마련했다.

한국전쟁 이후 복구기에 창업기업이 형성되면서 이를 바탕으로 1960년대에는 외자도입, 수출, 해외진출과 인수합병에서 기업가정신이 발휘되어 대규모기업집단들이 성장했다. 이에 따라 산업과 기업의 다각화가 진전되고, 세계시장에서 경쟁력을 가진 기업이 태동하는 눈부신 경제발전이 시작되었다.

물론 이 과정에서 모든 기업이 성공한 것은 아니다. 변화하는 기업환경에 적극적이고 능동적으로 대처하여 위험을 감내하고 혁신을 단행한 기업들만 성공했다. 반면 현실에 안주하거나, 환경변화에 소극적이거나, 냉소적 대처를 한 기업들은 도태되었다. 이러한 기업 흥망의 역동성은 1950년대 대규모기업집단 상위권에 속하던 기업 중 여러 개가 1960년대 산업과 기업 재편과정에서 도태되고, 맨주먹으로 사업을 시작한 기업가들이 오늘날 누구나 알 수 있는 대규모기업집단으로 성장한 데서 확연하게 볼 수 있다.

특히 1960년대 사업 성공으로 대규모기업집단을 일군 기업가들은 대부분 이후 경제개발과정에서도 지속적 혁신으로 경제발전을 견인한 기업가들이었다. 이들의 기업활동은 '사업보국(事業報國)'이라는 일관된 비전을 견지하고 있었다. 이들은 능동적이고도 적극적으로 신규사업과 신제품을 발굴하고, 불굴의 의지와 노력으로 사업을 성공시켰다. 이 시기 이들의 기업가로서의 활동과 기업가정신 발휘는 우리나라 경제발전의 핵심 요인이었다.

그러나 이 시대 기업가들의 기업가정신 발현의 긍정적인 측면에도 불구하고 해방 이후 여러 번 부정축재를 명목으로 하는 정부의 소추에 자유로울 수 없었고, 경제발전의 견인차였지만 정경유착적 뇌물 공여와 이권수수 등이 사회적 비판 대상이 되는 부작용도 있었다. 그리고 이러한 기업활동의 부정적 측면에 대한 비판은 그들의 부의 축적과 기업가정신 발휘가 정당한 노력과 혁신에 의한 것이 아니라 정부의 특혜와 근로자에 대한 착취의 결과로 평가절하되는 주 요인이 되었다. 특히 이것이 궁극적으로 반기업 정서 또는 반기업인 정서 확대의 실마리로 작용해서 오늘날 우리나라의 경제발전을 발목 잡는 큰 장애물이 되고 있다.

3　고도성장기(1972~1987)의 기업가정신

고도성장기는 크게 중화학공업이 추진된 1970년대와 구조조정이 진행된 1980년대로 구분할 수 있다. 이 시기 정부의 중화학공업육성정책에 호응하여 모험을 감행한 기업가 중에는 많은 사람이 성공을 거두었다.

1970년대와 1980년대 중반까지의 고도성장기는 우리나라 경제발전 과정에서 가장 활발하게 기업가정신이 발현된 시기였다. 2005년 대한상공회의소가 발간한 『한국 기업가정신의 현황과 시사점』에 따르면, 우리나라에서 기업가정신 지수가 가장 높았던 시기는 [표1]에서 알 수 있듯이 중화학공업화 기간인 1975~1979년이었다.

[표 1] 언제 기업가정신이 가장 높았을까?

	사업체 수 증가율	설비투자 증가율	연구개발 증가율	기업가 지수
1971~1974	-1.6	43.7	20.3	20.8
1975~1979	6.8	42.8	87.3	45.6
1980~1984	5.4	11.8	53.3	23.5
1985~1989	9.2	19.0	28.2	18.8
1990~1994	6.7	16.8	24.3	15.9
1995~1999	0.3	6.2	6.0	4.2
2000~2003	9.0	7.2	13.3	9.8

이러한 경향은 이 시기에 경이적 기업가정신을 보여 준 창업 1세대들이 회사의 명운을 걸고 새 산업에 진출한 각각의 에피소드에서도 드러난다. 예컨대, 지금도 존경받는 기업가들인 삼성 이병철 회장은 반도체와 전자, 현대 정주영 회장은 조선과 자동차, 포스코 박태준 회장은 철강에서 장기적 비전을 가지고 정부의 중화학공업육성정책에 호응하여 각 산업에 진입함으로써 우리나라가 오늘날 세계적 경쟁력을 가진 대표적인 산업과 기업을 보유하게 한 대표적 혁신자들이다.

특히 이 시기 기업가정신의 특징은, 중소기업 창업과 같은 소규모 창업자들의 기업가정신보다는 기존 대규모기업집단 소유경영자들(owners)이 감행한 사업 다각화와 규모 확대를 통한 기업가정신 발현이 경제발전의 견인차가 되었다. 이 시기 대규모기업집단의 중화학공업 신산업 진출 상황은 한국경제연구원이 1995

년 발간한 『한국의 기업집단』에 상세하게 설명되어 있는데, 이를 정리하면 [표2]와 같다.

[표2] 대규모기업집단의 중화학공업 신산업 진출 현황

산업	계획	성과
철강	포항제철 확장 제2종합제철 건설 특수강설비 건설	• 포철 확장(850만 톤) • 제2제철 계획 확정(포철, 광양만) • 한국종합특수강(현 삼미특수강) • 대한중기(현 기아특수강)
비철금속	온산기지 조성	• 고려아연 · 온산동제련(현 LG금속, 1982년) • 현대, 대한알미늄 인수
기계	창원단지 조성 자동차 수출산업화	• 현대, 현대중공업 • 대우, (한국기계→)대우중공업 • 효성, (한양공업→)효성중공업 • 삼성, (대성중공업)→삼성중공업 • 쌍용, (진일공업)→쌍용중공업 • 기아, 아세아자동차 인수 • 대우(GM Korea)→대우자동차
조선	거제도기지 조성	• 현대, 현대조선중공업(현, 현대중공업), 현대미포조선 • 대우, 대우조선(대우중공업) • 삼성, 삼성조선(삼성중공업)
전자	수출 산업화 구미공단 확장	• 삼성, 삼성전기 · 삼성코닝 (한국반도체→)삼성전기 (한국전자통신→)삼성전자 • LG, 금성기전 · 금성계전 (대한반도체→)LG정보통신 • 대우, 대우전자 대한전선(가전 인수 1983년)

기업가정신

화학	여천단지 건설	• 호남에틸렌, (민영화→대림산업) 　호남석유화학, (민영화→롯데그룹) 　금호, 금호화학(금호쉘화학) • LG, LG석유화학 　삼성, 삼성석유화학(울산) 　코오롱, 코오롱유화(울산) 　남해화학(국영기업)
	정유공장 신설	• 쌍용, 쌍용정유

그런데 이는 기업가정신의 발현이 양적인 측면에서 이루어지는 신규창업이 아니라, 질적인 측면에서 기존기업의 규모 확대와 비관련 다각화 등을 통한 것이었음을 의미한다. 또 이 시기 우리나라 상위 대규모기업집단은 선진국 기술 도입으로 자동차, 전기·전자, 조선 등 중후장대 산업에 성공적으로 진입했고, 관련 생산기술 학습과정을 통해서 기술축적에도 성공했다.

성공의 촉진자 역할은 1970년대 중화학공업정책이 맡았는데, 이는 지난 70년간의 경제발전 과정에서 기업가정신 발현을 통한 경제발전에 가장 큰 영향을 미쳤다. 결국 이 정책은 오늘날 우리나라 경제의 성공적 산업구조 확립과 세계적 경쟁력 확보에 결정적인 계기가 되었다.

게다가 1970년대는 대기업 중심 대량생산체제를 구축하고 수출지향적 공업화를 본격화한 시기였다. 또한 이 시기 산업정책과 무역정책은 비교적 일관되게 효율성 관점에서 추진되어 해방 이후 경제사에서 기업가정신의 발현이 최고조에 이르도록 하는 중요한 전기가 되었다.

　그러나 중화학공업화와 그에 따른 고도 경제성장 또한 여러 가지 부작용을 초래했다. 이 정책으로 산업구조가 경공업 중심에서 중화학공업 중심으로 업그레이드되었으나, 중화학공업 과잉투자로 1980년대 초 정부는 심각한 산업구조조정의 부작용과 마이너스 성장이라는 경제의 퇴보 상태에 직면했다. 그러나 이를 조기에 수습하여 극복함으로써 새로운 도약의 전기를 마련했다.

4 패러다임 전환기(1988~1997)의 기업가정신

　1980년대 후반부터 1990년대 후반까지 약 10년간은 대내외 경제환경의 격변기였다. 대외적으로 독일통일, 소련붕괴, 동서냉전체제의 종식, 동유럽 공산주의 국가들의 시장경제체제 이행 등이 있었다. 또한 국제경제질서는 우루과이라운드협상이 타결되어 세계무역기구(WTO)가 출범함으로써 국경 없는 무한경쟁 시대가 시작되었다.

　대내적으로 정치적 민주화의 진전과 군사정권 붕괴가 이루어지는 대전환이 있었고, 경제적으로는 노동권 확대, 노동운동의 정치력 강화와 기존 경제질서 재편 요구로 인한 노사분규 확산, 대규모기업집단에 대한 경제력집중억제 규제 강화, 3저 호황이 있었으며, 88 서울올림픽 개최 등을 계기로 정치·경제환경이 급변했다.

이러한 대전환에 직면하여 기업들은 대대적 경영 혁신과 사업구조 재구축을 추진했다. 또 기업들은 경공업과 중화학공업에 이어 반도체, TFT-LCD, 정보통신 등 첨단산업 진출을 본격화하여 괄목할 만한 성공을 거두었다.

삼성과 LG는 1980년대 초 반도체산업에 진출한 이후 10여 년 만에 일본기업들을 물리치고 D램 분야에서 세계 정상에 올랐으며, 1990년대 초에는 일본기업들의 독무대였던 TFT-LCD 분야에 진출한 지 10년도 안 되는 단기간에 선두로 도약했다. 이는 선택과 집중에 의한 과감한 투자와 끊임없는 공정혁신의 결과였다. 정보통신 분야에서도 SK 등이 CDMA 기술을 상용화하여 우리나라를 정보통신 강국으로 부상시켰고, 삼성과 LG도 이에 기여하면서 오늘날 세계 반도체와 이동전화기 시장의 강자로 부상하는 전기를 마련했다.

이 외에도 금융·유통시장 개방 및 세계화에 대응하여 기업들은 금융업과 유통업에 적극적으로 진출했다. 이에 따라 대기업들은 기존의 산업자본적 성격에 금융자본 특성을 보완하였고, 외부 자금을 증권시장이나 해외에서 직접 조달하는 등 재원 확보 방식의 혁신에도 나섰다. 이와 더불어 유통업 진출로 고객만족 경영 또는 고객밀착 경영도 강화했다. 이는 개방 초기 여러 선진국 대규모 유통업체에 내주었던 시장을 되찾고 세계적인 경쟁에 나서는 전기를 마련함으로써 결국 유통업 근대화와 경쟁력 확보의 초석이 되었다.

또 1990년대 들어 우루과이라운드협상의 타결과 WTO체제 출범으로 세계시장에 경쟁이 치열해지자 국내기업의 해외진출이 더욱 활발해졌다. 이 시기부터 국내기업들은 '글로벌 경영'을 내세우며 본격적으로 세계무대에 진출하기 시작했다. 이 시기 해외진출은 해외 생산거점 확보가 주목적이었고, 주요 진출지역은 북미와 유럽이었다. 기업들은 M&A로 부실화된 해외 생산업체를 인수해서 첨단기술 확보와 선진국 수입규제 회피를 도모하면서 해당 지역에서 매출을 효과적으로 신장시켰다.

이 시기의 기업가들이 보인 기업가정신은 조셉 슘페터(Joseph Schumpeter)가 정의한 기업가정신의 특성들을 거의 모두 망라하고 있었다. 대내외 경제환경의 급변에 따른 사업조직 재구축, 해외진출을 통한 새 시장 개척, 첨단·금융·유통산업 등으로의 업종다각화를 통한 신산업 진출과 품질개선 등이 그 예이다. 비록 1997년 외환 위기라는 심각한 경제적 난관에 봉착했으나, 위기 이후 세계적 기업경쟁력과 산업경쟁력 확보 기틀이 이 시기에 다져졌다.

이 시기의 가장 큰 특징은 정부와 기업 간 관계가 근본적으로 변화한 것이다. 이전에는 정부가 정책을 통해서 산업을 일으키고 기업을 육성한다는 차원에서 정책적·제도적 지원과 혜택이 기업들에게 제공되었다. 그러나 1980년대 후반 이후 정부는 공정거래법상 경제력집중억제 규제를 강화해서 기업과 시장에 대한 규제와 개입을 확대하기 시작했으며, 정부의 경제정책 방향도 '정부주도에서 민간주도로' 전환하는 등 비난받던 정부와 기업 간 유착관계를 정리하는 조치를 강화하기 시작했다.

이에 따라 기업들도 1980년대 후반 이후 정부와의 긴밀한 협조관계에서 벗어나 독자적 성장전략을 적극적으로 모색했다. 투자 자금을 마련할 때도 정부나 은행에 기대기보다는 제2금융권이나 증권시장에서 직접 조달하는 비중을 늘렸다. 이에 따라 정부와 기업 간 관계는 수직적 관계에서 수평적 관계로 전환되기 시작했다.

그런데 이 과정에서 정책부실과 기업의 인센티브구조 왜곡으로 외환위기가 발생했다. 위기의 주요원인은 정부의 성급한 자본시장 개방 및 위기관리 능력 미흡, 동남아 국가들의 외환위기 확산 등이었다. 그러나 기업들은 이러한 상황이 발생할 수 있는 위험을 간과한 채 과도한 양적 확장과 차입경영에 치중함으로써 위기를 증폭시키는 역할을 했다.

당시 대내외환경 변화를 조기에 감지하고 이에 민첩하게 대응한 기업들은 위기를 잘 극복할 수 있었다. 그러나 그렇지 못했던 기업들은 적절한 대응이 거의 불가능했으므로 대대적으로 시장에서 자취를 감췄다. 특히 대우를 비롯한 대규모기업집단이 여럿 도산하고 심지어 은행들이 부실화되면서 '대마불사' 신화가 깨지기도 했다. 외환위기는 재무구조가 부실하면 정부와의 유착

관계도 도움이 되지 않으며, 끊임없는 경영과 기술 혁신을 핵심으로 하는 기업가정신 발휘가 있어야만 기업이 살아남고 발전이 가능하다는 교훈을 남겼다.

5 위기극복 및 선진사회 도약기(1998~현재)의 기업가정신

　외환위기 이후 1998년부터 지금까지는 우리나라가 위기를 성공적으로 극복하고 명실상부한 선진국으로 도약한 시기이다. 이미 세계에서 국내총생산(GDP) 기준 순위는 2023년 14위로, 1조 7,120억 달러에 도달했다. 1인당 국민소득(GNI)은 인구 5000만 명이 넘는 주요국가 중 세계 6위를 기록해서 2023년 1인당 3만 3,754달러로 일본과 대만을 앞질렀다. 명실상부한 경제성장의 지속으로 선진국 진입과 유지가 이 시기에 이루어졌다. 해방 직후 세계 최빈국이었던 나라가 1960년대부터 시작된 고도 경제성장을 거쳐 1980년대 말 자유민주주의 정치체제로 전환된 이후, 1인당 국민소득 2만 달러를 넘기고 2014년에 3만 달러에 도달하더니, 이제 조만간 4만 달러에 도달할 기세이다.

외환위기의 극복은 금융·기업·공공부문 구조개혁과 노동시장 개혁을 주축으로 한 경제구조의 대전환으로 진행되었다. 이러한 개혁은 기업을 운영하는데 글로벌 스탠더드 확산, 글로벌 경쟁력 강화, 새로운 성장동력이 될 벤처산업 육성 같은 다양한 기업환경 변화를 초래했다. 그리고 이에 적응하는 과정에서 우리나라 기업들의 놀라운 역량이 발휘되었다. 즉, 글로벌화와 혁신을 통해 배양된 기업가정신이 위기극복 단계에서도 중요한 역할을 담당했다.

짧은 기간에 성공적으로 이루어진 개혁과 기업들의 성공적인 대응으로 외환위기가 극복된 이후 경제체제의 시장경제화를 획기적으로 진전시키고 새로운 성장동력을 확보할 수 있었다. 기존 산업에 살아남은 초우량기업들의 우월한 경쟁력으로 우리나라는 선진국 진입 및 정착에도 성공했다.

이렇게 외환위기에서 살아남은 기업들이 이미 경쟁력을 확보한 산업에서 기업마다 개인이 아닌 팀으로 이루어진 기업가정신을 발현해 초격차를 만들어냈다. 또 반도체·이동전화·자동차·조선·화학·전자제품·기계 등 경쟁력 우위를 확보한 분야뿐만 아니라, 이차전지·원자력발전·방위산업을 포함하는 성장동력이나 경제발전에 견인차가 되리라고 미처 예상하지 못했던 방대한 부문에서 최근 우리나라 기업들이 세계적인 초일류기업이자 수출기업으로 경쟁우위를 확보하고 있기도 하다.

또 지금까지 내수산업으로 불리며 경쟁력을 확보하지 못했던 산업이나 부문들이 속속 새로운 성장동력으로 등장했다. 대표적인 부문들로는 코스메틱스·뷰티·의료·의약품·관광 등의 산업들을 들 수 있다. 이 산업들은 이제 글로벌 경쟁력을 확보하여 세계시장에서 점유율을 확대함으로써 선진국 진입과 정착에 일조하고 있다. 더구나 최근에는 2000년대 이후 본격화된 드라마·영화·K-팝·웹툰·공연 등 문화에서 시작된 한류 붐이 이미 범세계적 영향력을 확보하고 산업화하여 월등한 경쟁력을 보이고 있는 것은 물론, 기존 산업들과 시너지를 창출하는 등 눈부신 성과를 거두고 있다. 이런 문화의 산업화는 세계적으로 식품·농산물·리빙을 포함하는 우리나라 사람들의 의식주와 일상생활 관련 제품 및 서비스에 대한 새로운 수요와 시장을 창출하는 데로 이어지고 있다.

다시 말해서 외환위기 극복 직후에는 3차산업혁명의 핵심인 IT산업의 성장 주도, 벤처기업의 탄생과 성공, 기존산업의 고부가가치화, 새로운 시장의 개척, 수입되던 부품·소재의 국산화, 세계 수출시장에서의 시장점유율 증대에 따른 산업조직 변동 등으로 기업가정신이 발현되어 경제발전을 견인하는 역할을 했다. 결국 이런 기업들의 분발과 기업가정신 발현으로 2006년 1인당 국민소득이 2만 달러를 넘어섰고, 외환위기에서 살아남은 대규모기업집단 소속 기업들은 초우량기업화되었다. 또 1960년대 초 경제개발 초기단계에서 그랬던 것처럼 이 시기에도 아직 산업이나 시장으로 발전하지 못한 부문들에서 창의적인 기업가들이 나타나 기업가정신을 발휘함으로써 오늘날 우리나라는 다양한 성장동력과 경쟁력을 확보하는 성과도 거둘 수 있었다.

그런데 현재의 기업가정신 발현이 경제개발 초기의 그것과 다른 특징은, 기업가정신 발현 부문이 과거보다 엄청나게 다양하다는 것이다. 의지가 있다면 거의 모든 개인이 창업에 나설 수 있고, 창업자로 기업가정신을 발휘할 수 있는 환경이 조성되었다. 3·4차산업혁명으로 일컬어지는 '와해적(disruptive)' 기술혁신으로 말미암아, 지금은 심지어 인터넷과 인공지능을 활용해서 전대미문의 다양한 창업과 사업이 이루어지고 있다. 영상을 제작하여 불특정 다수를 상대로 배포하고 이를 토대로 거대한 수익을 창출하는 유튜버라는 직업은 이런 현실의 전형적인 사례이다.

이는 과거 특별한 재능과 지식, 자본을 보유한 개인만이 창업이나 사업을 할 수 있었던 제약이 사실상 사라져 가고 있음을 의미한다. 이와 같은 기술혁신의 양상과 창업 가능성의 획기적 확대는 결국 4차산업혁명이 본격화되면 아이디어를 가진 사람 대부분이 기하급수적으로 기업가정신을 발휘하여 지금까지 보지 못한 다양한 제품과 서비스를 만들게 할 것이다. 궁극적으로 현재의 급격한 기술혁신은 거의 모든 사람이 비용 없이 기업가정신을 발휘할 수 있는 환경을 조성해 나갈 것이다. 이런 기술혁신의 전개 양상에 대한 이해와 적응이 현 상황에서 번영을 이룩하는 데 가장 중요한 요소이므로 기업가정신 발현을 고양하기 위해서는 지금의 교육을 창의성을 자극하는 교육으로 전환하는 것이 시급하다.

6 맺음말

과거 우리나라의 성공적인 기업가들은 대부분 그저 돈을 벌기 위해서 사업을 한다는 이기적 동기보다 '사업보국'이라는 큰 비전을 가진 사람들이었다. 특히 노동자, 사회, 국가의 이익과는 상관없이 일탈을 해서라도 돈을 벌려고 했던 사람들은 설사 일시적 성공을 거두었다 해도 장기적으로는 그 기업을 성장시키지 못하고 도태되었다.

또한 기업가들의 문제해결 능력과 위험을 기피하지 않는 도전은 성공적 기업의 형성과 도약 그리고 성장의 전 과정에 중요하다. 이 과정에서 어느 시기든 우리나라 기업가들은 슘페터가 기업가의 조건으로 제시했던 새로운 상품의 개발과 기존 상품의 품질 개선, 새로운 생산방법의 발명, 새로운 시장의 개척, 새로운 원자재와 부품의 공급원 확보, 새로운 조직 운영을 적극적이고도 능동적으로 수행하는 기업가정신을 발휘했다.

그런데 기업가들의 활동과 기업가정신 발현에는 '정부가 제도와 정책을 어떻게 수행하는가'와 '한 나라와 사회가 어떠한 경제활동 여건에 처하는가'를 결정하는 대내외 경제환경이 그 성과 결정에 심대한 영향을 미쳤다. 다시 말해서 기업가정신 발현의 성과는 문화·관습·정치·법 등 제도적 요인과 정부의 정책에 의해서 제약된다.

설사 한 나라나 사회가 아무리 이상적이거나 공평해 보이는 제도적·정치적 틀을 설정하더라도, 기업활동과 기업가들의 기업가정신 발현에 적합한 인센티브를 제공하지 못한다면 적어도 그 나라나 사회의 경제발전을 기대하기는 어렵다.

이런 관점에서 볼 때 우리나라의 헌법, 법체계, 정치, 정부 그리고 정부정책과 정치적 의사결정은 여러 가지 비판에도 불구하고 대단히 효과적이고 효율적이었다는 것을 지난 80여 년의 경제발전이 입증해 준다. 한반도 남쪽에 자유민주주의와 자본주의적 시장경제체제를 근간으로 하는 대한민국의 건국, 농지개혁과 귀속재산 불하, 정부주도적 전후 복구과정과 경제개발 수행, 수출지향적 불균형 성장전략 선택, 중화학공업화 전략 추진, 경제도약 가시화 후 신속한 민간주도 경제로의 전환, 성장과 분배의 균형을 위한 정책 초점의 변화, 경쟁정책의 제도화, 노동3권의 보장과 사회안전망 확보, 규제개혁과 민영화 등 성장 모멘텀 유지를 위한 선제적 정책 대응, 신성장동력 확보를 위한 민관합동 노력, 외환위기 극복을 위한 금융·기업·공공부문·노동시장 개혁, 벤처산업 육성을 포함하는 광범위한 협력으로 정부는 기업과 기업가가 기업가정신을 발휘하도록 인센티브를 부여하는 역할을 했다.

물론 이런 정부의 역할이 지금보다 더 기업가의 인센티브를 확대하는 방향으로 적극적이지 못하거나 심지어 이를 제약하는 애로로 작용한 문제점들이 있었고, 현재의 경제발전과 경쟁력 약화의 핵심 요인이 되고 있다는 점도 간과할 수 없다. 특히 기업환경으로서의 정책과 규제, 입법과 법치체계에 대한 새로운 혁신이 현재의 경제난국을 타개하는 데 핵심이라는 점도 함께 지적되어야 한다.

이와 함께 우리나라의 경제발전에서 경제를 둘러싼 대내외 환경도 이러한 제도적·정책적 요인과 함께 기업활동과 기업가정신 발현에 지대한 영향을 미쳤다. 해방, 미군정, 한국전쟁, 미국 및 서방의 원조, 베트남전쟁, 오일쇼크와 중동특수, 베를린장벽 붕괴와 공산권 몰락에 기인한 냉전체제 붕괴, 글로벌리제이션과 지역주의 대두, 무역 및 투자 자유화와 원활화를 위한 WTO체제의 정착과 쌍무적 FTA의 보편화, 민주화, 외환위기, 세계경제위기, 미중갈등과 신냉전, 글로벌 공급망의 재편과 이원화 진행, 우크라이나-러시아 전쟁 등이 모두 우리나라 경제발전에 긍정적 또는 부정적인 영향을 미쳤거나 미치고 있으며, 이러한 대내외

환경의 변화는 보편적으로 우리나라 기업과 기업가에게 기회와 도전이 되어 왔다. 그런데 '이 기회와 도전에 어떻게 대응할 것인가?'는 결국 기업가정신 발현 여부에 달려 있다. 그러므로 지금은 창의적이고 혁신적인 기업가들이 신속하게 적극적으로 대응해 나갈 수 있도록 정책적 유연성을 확대할 수 있게 제도적 틀을 만드는 일이 중요한 시기이다.

참고문헌

- 곽만순, 『한국의 기업집단』, 한국경제연구원, 1995.
- 김낙연, 「1950년대의 외환배정과 경제적 지대」, 『경제사학』, 제33권, pp. 93~122, 2002.
- 사공일, L.P. 존스, 『경제개발과 정부 및 기업가의 역할』, 한국개발연구원, 1981.
- 성낙선, 「슘페터, 경제발전 그리고 기업가의 역할」, 『경제학 연구』, 제53집 제4호, pp. 147~170, 2005.
- 유정호, 「1970년대 중화학공업화정책이 자본효율성과 수출경쟁력에 미친 영향」, 『한국개발연구』, 제13권 제1호, pp. 65~113, 1991.
- 이주선 외, 『한국의 대기업정책』(상·하), 한국경제연구원, 2008.
- 이한구, 『한국 재벌사』, 대명출판사, 2004.
- Schumpeter, Joseph A., The Theory of Economic Development, Cambridge, Ma : Harvard University Press, 1934.

기업가정신은

근대화의 산물

조성봉

동국대학교 경제학과 졸업
연세대학교 대학원 경제학 석사
미국 오하이오 주립대학교 대학원 경제학박사
숭실대학교 경제학과 교수, 현 대학원 초빙교수
전력산업연구회 회장
저서:「이제 에너지를 시장으로 돌려주자」 등 다수

1 경제학에 기업가정신은 어떻게 등장하는가?

경제학은 전통적으로 모든 생산자가 동일하다고 가정한다. 동일한 상품과 균일한 생산 기술을 가졌다고 보는 것이다. 이런 동일한 생산자가 있는 상황에서 수요와 공급을 설명하고 또한 수요량과 공급량이 일치하는 시장 균형을 설명하기 때문이다. 그런데 기업가정신은 다른 기업가와는 다른 특별한 기업가를 염두에 두고 말할 수밖에 없다. 그러나 특정 기업인이나 기업이 특출한 생산성을 가지고 있다고 가정하는 순간 이는 결국 기업가정신을 동어반복적으로 정의해 버리는 셈이 된다. 아주 재미없다.

전통적인 경제학 이론은 본질적으로 고전 물리학의 방법론을 따르고 있다. 최적화(optimization)와 균형(equilibrium)이다. 최적화란 어떤 물체의 상태가 그냥 만들어진 것이 아니고 부피, 둘레 등 특정 형상을 최소화 또는 최대화한다는 것이다. 균형이란 물리적 기본 단위가 서로 영향을 미치면서 안정적인 상태를 유지한다는 것이다. 예를 들어, 물방울을 떨어트리면 동그랗게 보이는 것은 일정한 둘레에서 면적을 최대로 만들기 위한 것이고, 중력이 없는 상태에서 구(球)의 모습을 띠는 것은 일정한 표면적하에서 최대의 부피를 갖추려 하기 때문이다. 그리고 이러한 물방울이 서로 모여서 균형을 이루며 물의 모습을 갖는다. 경제학에서 시장을 설명할 때 이런 물리학적 방법론을 따른다. 즉, 시장은 수요와 공급이 일치하는 수준에서 균형을 이루면서 안정적인 가격과 거래량이 결정된다는 것이다. 그런데 이 수요는 그냥 결정되지 않고 가격별로 소비자들의 만족을 가장 크게 만드는 구매 희망량으로 만들어진다. 공급도 마찬가지이다. 공급은 가격별로 생산자가 가장 큰 이윤을 얻을 수 있는 수준의 판매 희망량으로 구성된다. 여기서 시장 균형은 소비자 만족과 생산자 이윤을 최대화하는 지점에서의 수요와 공급이 일치하는 경우를 의미한다.

그런데 이론 경제학과 기업가정신은 개념적으로 모순관계에 있다. 마치 물리학에서 물체를 분석할 때 동일한 입자, 분자, 원자 및 물리학적 성상을 강조하듯이 이론 경제학은 경제활동을 벌이는 모든 소비자와 생산자가 동일하다고 강조한다. 따라서 특이한 경제주체의 행동양식은 관심 대상이 아니다. 왜냐하면 특이한 소비자나 특이한 생산자를 전제로 하는 이론은 일반적이지 않기 때문이다. 반면, 기업가정신은 다른 기업가와는 다른 특이한 모습을 띠는 기업가의 존재를 전제로 한다. 따라서 동일한 소비자와 생산자를 전제로 하는 이론 경제학에서는 기업가정신이 설 자리가 없다.

이처럼 전통적인 경제학 이론은 창의적인 기업가의 등장에 대해 특별히 말해 줄 수 있는 것이 많지 않다. 전통적인 경제학 이론은 무엇인가 특이하고, 창의적이고, 독특한 기업가의 존재를 인정할 수도 없고 도출할 수도 없기 때문이다. 경제학이 추구하고 있는 구조적인 접근방법은 특정 구조를 무너트리고 등장하는 영웅의 존재를 설명할 수 없다. 물리학처럼 말이다.

어렴풋이나마 경제학에서 기업가정신은 생산성의 증가를 비약적으로 이루는 기업가의 능력으로 묘사할 수 있다. 슘페터(Joseph Schumpeter)가 말한 혁신과 '창조적 파괴'는 이러한 기업가의 특출난 생산성 향상을 지칭하는 표현이기도 하다. 그러나 이는 기업가정신에 대한 설명이라기보다 기업가정신에 대한 사후적 묘사라고 볼 수 있다. 기업가정신을 다른 식으로 표현한 것이지 기업가정신에 대해 구체적으로 설명해 낸 것은 아니다.

전형적인 경제학 이론의 방법론이 기업가정신을 설명하기 어려운 이유 중의 하나는 경제학 이론이 한 사회의 역사적 배경과 관계없이 검토되기 때문이다. 경제학 이론은 어느 시대, 어느 장소와 관계없이 적용할 수 있는 논리체계라고 경제학자들은 생각한다. 그렇기 때문에 경제학 이론은 기업가정신이 탄생하는 특정

한 경제적 또는 정치적 환경을 논의할 수 없다. 그러나 경제학은 스틸컷으로 주어진 한 장면만 묘사하지는 않는다. 이런 장면이 나타날 수 있는 환경과 조건을 설명하기도 한다. 경제학의 접근 방법으로 우리는 기업가정신이 탄생할 수 있는 밑그림을 살펴볼 수 있다. 제도 경제학은 이런 점에서 기업가정신의 배경을 조망하는 중요한 분야이다. 제도 경제학은 한 사회나 국가의 제도가 경제에 어떤 영향을 미치는지를 연구하는 분야이다. 특히 제도 경제학의 중요한 연구 분야는 시장경제의 가장 큰 특징인 경쟁과 재산권이라는 제도가 어떤 영향을 미치는지를 살펴보는 것이다. 그런데 이와 같은 경쟁과 재산권은 기업가정신이 나타날 수 있는 특유의 배경이자 필요조건이기도 하다. 2024년 노벨 경제학상을 수상한 아세모글루와 로빈슨(Daron Acemoglu & James Robinson)의 저술은 제도가 시장에서의 경쟁 환경과 재산권을 통해 경제주체의 인센티브에 어떤 영향을 미치는지를 연구했다. 이처럼 제도 경제학은 기업가정신이 출현할 수 있는 중요한 제도적 환경을 검토하고 있다.

제도경제학적 논의와 함께 현상을 수량화하는 경제학적 상상력과 방법론은 기업가정신이 잘 나타날 수 있는 환경을 설명해 내기도 한다. 1981년 로젠(Sherwin Rosen)의 「슈퍼스타 경제학(The Economics of Superstars)」은 이론 경제학적 방법을 통해 기업가의 능력과 성과의 관계를 해석하여 기업가정신이 잘 나타날 수 있는 환경을 설명한, 보기 드문 경제이론이다. 로젠의 연구는 과거보다는 산업혁명 이후의 현대적 경제 여건에서 기업가정신이 왜 더 잘 발휘될 수 있는지를 보여 준다. 그는 슈퍼스타라는 현대의 매스 미디어 환경에서 등장할 수 있는 놀라운 경제적 능력의 보유자를 설명했지만, 그 논의의 상당 부분은 기업가정신으로 이해해도 좋을 만큼 보편적이다.

2 기업가정신이 조성될 수 있는 제도적 환경

1) 경쟁

기업가정신은 경쟁 환경을 통해서 탄생한다. 다른 기업가보다 뛰어난 생산성을 보이기 위해서는 보다 풍부한 자원을 보유하는 것만으로는 부족하다. 풍부한 자원을 보유해도 이를 활용하는 기회비용이 다른 기업가보다 열등하다면 결국 시장 경쟁에서 도태될 수밖에 없기 때문이다. 관건은 우수한 생산 기술을 보유하느냐의 여부이다. 그리고 이 우수한 생산 기술에 따른 경제적 보상을 확보할 수 있어야 한다.

경쟁은 경제주체의 노력을 한계에까지 이르게 만든다. 프랑스 영화 '남과 여'에서 자동차 경주자인 남자 주인공은 경주에서 140마일로 커브를 돌아야 할 때 139마일이면 경주에서 지고, 141마일이면 튀어나가 차가 전복되므로 매번 한계를 정확히 알고 있어야 한다고 했다. 경주에서 이기기 위해서는 매번 자기 한계의 극한을 알고 끝까지 밀어붙이는 노력이 필요하다는 것이다.

이처럼 경쟁은 죽기 살기로 하는 것이다. 편안한 경쟁은 없다. 경쟁은 편하고 안정된 상태에서 벌이는 것이 아니다. 그리고 다른 경쟁자를 이기는 방법은 자신의 안정된 상태를 희생하거나 위험을 무릅쓰는 경우에 나타난다. 영화 '크림슨 타이드(Crimson Tide)'는 핵잠수함에서 벌어지는 내용이다. 어느 날 이 핵잠수함에 화재사고가 발생해서 헌터 부함장이 이를 진화시키고 있었는데 갑자기 램지 함장이 핵미사일 발사 훈련을 명령했다. 놀란 헌터 부함장은 화재 현장을 다른 장교에게 맡기고 자신은 핵미사일 발사 훈련에 참여할 수밖에 없었다. 훈련 중 그는 함장에게 아직 진화가 덜 되었다고 넌지시 말한다. 함장은 나중에 이야기하자며 훈련을 계속한다. 핵미사일 발사 훈련이 다 끝나고 램지 함장은 헌터 부함장을 자기 방으로 부른다. 그는 헌터 부함장에게 자네라면 그때 핵미사일 발사 훈련을 했겠냐고 묻는다. 헌터 부함장은 진화가 마무리되지 않았기 때문에 핵미사일 발사 훈련을 해서는 안 된다고 생각한다고 대답한다. 그 대답에 고개를 끄덕이면서도 램지 함장은 자신은 역설적으로 그러한 상황이 핵미사일 발사 훈련을 해야 하는 가장 적절한 시기라고 말한다. 핵잠수함은 전투함이고 전투 상황에는 별별 경우가 다 생기는 비상 상황이라는 것이다. 그리고 그런 상황 속에서도 핵미사일을 발사해야 하는 것이 전투함의 숙명이라는 것이다.

　유럽과 미국의 자동차 경주를 모두 석권한 전설의 자동차 경주 선수 마리오 안드레티(Mario Andretti)는 "만약 모든 것이 문제가 없이 달리고 있다면 당신은 충분히 빨리 달리고 있는 것이 아니다(If everything seems under control, you're just not going fast enough)."라는 유명한 말을 남겼다. 자동차 경주에서 이기기 위해 차를 몰 때 문제없이 평안하기만 하다면 빨리 달리는 것이 아니라는 의미이다. 경쟁력을 갖추고 다른 경쟁자를 이기기 위해서는 지금까지와는 다른 위험을 무릅쓴 모험이 필요하다는 의미이기도 하다.

2) 재산권

　아세모글루와 로빈슨은 『국가는 왜 실패하는가(Why Nations Fail?)』에서, 성공한 국가와 실패한 국가의 가장 큰 차이는 국가 구성원들이 열심히 경제적 활동을 할 수 있게 만드는 제도적 장치의 여부라고 주장했다. 이들은 국가의 제도를 착취적 제도(extracting institution)와 포용적 제도(inclusive institution)라는 두 유형으로 분류했다. 착취적 제도를 가지고 있는 사회에서는 경제활동의 결과를 지배적 계층이 착취하므로 국가 구성원들이 열심히 노력하고 기존의 경제활동의 틀을 깨고 생산성을 비약적으로 증가시키는 혁신적 활동을 할 아무런 유인이 없다고 한다. 경제활동과 혁신적 활동의 결과에 대한 보상과 재산권이 충분히 보장되지 않는 사회에서 구성원들의 경제활동과 혁신적 성과는 제한적일 수밖에 없으며 가난과 빈곤에서 벗어나기가 쉽지 않다는 것이다. 반면, 포용적 제도를 가지고 있는 사회에서는 그 구성원의 경제적 활동 나아가서 혁신적 경제행위의 결과에 대한 재산권을 보장하므로 더 많은 경제활동과 혁신활동을 유인하고 장려하게 되어 사회의 비약적인 경제발전이 꽃을 피울 수 있다고 보았다.

3) 국가의 힘

기업가정신을 검토할 때 중요한 질문 중 하나는 과연 근대적인 국민국가 이전에 진정한 의미의 기업가정신이 존재했느냐이다. 우리가 기업가정신을 사업성이 뛰어나고 높은 수익을 올리는 기업가의 역량 정도로 이해할 때 기업가정신을 발휘하는 기업가는 분명히 국민국가 이전에 많이 존재했을 것이다. 일례로 유럽의 메디치 가문, 로스차일드 가문, 조선 말기의 거상 임상옥 등과 같은 상인들은 뛰어난 이재(理財)와 사업수완으로 큰 부를 모은 사람들로서 기업가정신을 지닌 기업가로 평가할 수 있다.

그러나 근대적인 국민국가 이전에는 구조적으로 슘페터가 말하는 창조적 파괴를 불러올 만큼 혁신적인 기업가가 나타날 가능성이 거의 없다. 산업혁명으로 상징되는 근대적인 과학 기술의 성장은 기계화된 공장과 자동화된 생산 공정을 통해 산업의 생산성을 획기적으로 높여 대량생산의 기틀을 놓았다. 그러나 한편으로는 총, 대포, 군함 등 가공할 만한 군사력의 성장을 가져왔고, 그 결과 유럽 주요 국가의 통일과 국민국가의 탄생에 기여했다는 점을 잊어서는 안 된다.

동시에 국민국가의 탄생은 의무교육, 관료제, 상비군 제도 등을 통하여 중산층 시민사회를 공고하게 하는 한편, 산업혁명으로 탄생한 대규모 기업의 제품이 팔리는 시장을 형성하는 역할을 하기도 했다. 그리고 대량생산으로 출하된 제품을 해외에 수출하고 해외시장을 개척하는 일도 근대적인 국민국가의 역할을 통해서 확장되었다. 이런 점에서 근대적인 국민국가의 탄생은 기업가정신이 제대로 꽃피울 수 있는 토양과 제도적 배경을 제공했다고 말할 수 있다.

아세모글루와 로빈슨은 『좁은 회랑(The Narrow Corridor)』에서 근대적인 국민국가의 형성을 위해 국가의 힘이 필수적이지만 국가의 힘은 사회에 의하여 적절히 통제되어야 한다고 주장한다. 국가는 홉스(Thomas Hobbes)가 말한 리바이어던과 같은 괴물이어서 잘못 통제되면 사회와 나아가서 국가의 발전 그 자체도 가로막는 장애가 될 수 있다고 보았다. 그러나 사회가 국가라는 괴물에 적절한 쇠고랑과 족쇄를 채워 통제할 수 있다면 그 힘을 이용하여 국가와 사회는 안정적으로 성장해 나갈 수 있다고 했다. 아세모글루와 로빈슨은 이처럼 국가의 힘과 사회의 힘이 적절히 조화를 이룰 때 균형 있는 국가와 사회의 성장이 가능해진다고 본다. 국가의 힘과 사회의 힘이 조화를 이루어가는 영역을 이들은 '좁은 회랑(narrow corridor)'이라고 불렀다. 이 주장을 확대하면 기업가정신은 국가와 사회가 균형 있게 성장하는 환경에서 잘 나타난다.

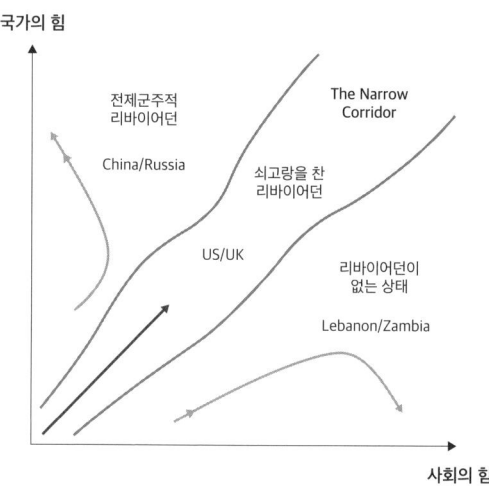

[그림 1] 국가의 힘과 사회의 힘에 따른 국가 유형

[그림 1]에서 국가의 힘과 사회의 힘은 시간의 흐름에 따라 경제가 확대되고 인구가 증가하면서 자연스럽게 커졌다. 문제는 국가의 힘과 사회의 힘이 어떻게 균형을 이루는가이다. 즉, 국가의 힘이 사회의 힘을 압도하는 중국과 러시아의 경우 [그림 1]의 좌상부에서 볼 수 있듯이 사회의 힘이 결국 국가의 힘에 몰려 쇠퇴해 버리고 양자의 균형 있는 성장은 어려워진다. 이와는 반대로

레바논과 잠비아처럼 국가의 힘이 사회의 힘에 미치지 못할 때 경제발전을 주도하고 지원하는 국가의 힘이 부족하여 국가와 사회의 균형 있는 성장은 불가능하다. 러시아와 중국의 경우는 통제할 수 없는 국가라는 괴물이 전체주의적 리바이어던으로 묘사된다. 반면 레바논과 잠비아는 경제발전을 주도할 수 있는 괴물 자체가 사라져 경제적 성장 자체도 불가능해졌다고 설명한다. 한편으로, 국가의 힘과 사회의 힘의 균형이 잘 유지되고 있는 미국이나 영국에서는 국가라는 괴물에 쇠고랑을 잘 채워 이를 효과적으로 통제하면서 그 힘을 이용해 국가와 사회의 공동 발전을 이루었다. 이처럼 국가의 힘과 사회의 힘이 적절한 수준에서 균형을 유지하는 '좁은 회랑' 안에서 국가와 사회의 균형 잡힌, 동시에 고도로 성장하는 동반 발전이 가능하다.

3 기업가정신이 출현하는 경제 환경

1) 로젠의 슈퍼스타 경제학

전통적인 경제학 이론으로 기업가정신을 설명하는 것은 쉽지 않지만 로젠은 경제학 이론의 방법론을 이용해 기업가정신이 나타날 수 있는 경제 환경을 잘 설명하고 있다. 로젠은 현대적인 매스 미디어적 환경을 슈퍼스타가 탄생할 수 있는 배경으로 제시했다. 그러나 그의 분석은 단순히 현 시대의 매스 미디어 환경에 적용되는 연예, 스포츠, 언론 분야의 슈퍼스타만이 아니라 대량생산과 공급의 기반을 갖춘 근대적 의미의 기업가에게도 잘 적용될 수 있다. 이런 의미에서 로젠의「슈퍼스타 경제학」은 기업가정신의 탄생을 이론적으로 설명할 수 있는 흔치 않은 논문이다.

로젠은 경제주체의 미세한 능력 차이가 수입에서 큰 차이를 나타내는 다양한 사례를 들어 설명하고 있다. 예를 들어, 100미터 달리기 선수의 경우 0.1초 아니 0.01초와 같은 아주 미세한 능력의 차이가 최고의 선수와 2등급 선수를 가르는 기준이 되며, 이 미세한 기록의 차이는 선수의 소득과 명성에 비교할 수 없는 격차를 만든다. 유사한 예로서, 타율이 평균보다 5푼 높은 야구선수, 슛 성공률이 평균보다 10% 높은 농구선수, 수술 성공률이 평균보다 10% 높은 외과의사 등은 같은 직업의 경쟁자에 비해 월등한 대우를 받게 된다.

그러면 어떠한 경제적 환경에서 조금의 높은 성과가 월등한 수입을 불러올 수 있을까? 로젠은 이와 같은 요소로 사람들이 갖는 선호의 특성과 생산비의 특징을 들고 있다. 즉, 그는 사람들이 보이는 어떤 선호의 특성 때문에 또한 생산자들이 보유하고 있는 어떤 생산 기술의 특징 때문에 약간의 성과 차이가 큰 수입의 차이로 귀결되는지를 살펴보고 있다.

첫째, 소비자들의 선호와 수요의 특성인데 이는 미세한 제품의 특성이나 품질의 격차도 소비자 만족도에는 큰 차이를 불러온다는 것을 의미한다. 일례로 반도체 품질의 미세한 차이는 이를 사용하여 컴퓨터, 스마트폰 등을 제작하는 제조업체의 입장에서는 너무도 큰 품질 차이를 불러와 시장에서의 성패가 좌우된다. 백신 부작용의 작은 차이라도 소비자에게는 큰 위험으로 인식될 수 있어 가격과 판매 가능성 부분에서는 현저한 격차를 보일 수 있다. 자동차 엔진용 금속 부품의 미세한 정밀도 차이가 비교할 수 없는 엔진 성능의 차이를 가져오고 결국 자동차 품질과 가격, 나아가서는 시장 점유율에 결정적인 영향을 미칠 수도 있다. 또한 상품의 품질에 대한 전문가 및 소비자의 평가가 급속하게 전파되는 현대사회의 특징을 보면 작은 품질의 차이가 극단적인 구매량 차이로 연결될 수 있다. 현대의 제조업 및 소비제품의 특성상 이와 같은 대량소비사회의 특성은 곳곳에서 나타난다.

둘째, 현대 산업사회의 다양한 사례를 통해 우리는 시장 규모가 늘어나는 만큼 생산비가 커지지 않는 경우를 제시할 수 있다. 가장 전형적인 경우는 제조업의 규모의 경제이다. 산업혁명 이후 기계, 소재, 화학 및 전력 등의 에너지 활용으로 제조업은 생산량을 늘릴수록 그 평균 비용이 현저하게 감소하는 규모의 경제 효과를 시현하게 된다. 특히 중산층의 확대로 대량소비사회가 도래하게 되었고, 국가 간의 무역은 시장 규모를 증가시켰는데 이는 평균 비용 및 생산 단가의 감소로 이어졌고 경쟁을 통해 제품 가격의 하락으로 귀결되었다. 그리고 이 같은 제품 가격의 하락은 더 큰 소비로 이어져서 규모의 경제와 제품 단가의 인하라는 선순환이 나타나게 되었다. 이에 더하여 대형 선박과 발달된 교통 시스템을 통한 물류의 개선 및 전기의 발명으로 냉동·냉장을 활용한 콜드체인(cold chain)과 같은 저장·유통의 혁신은 시장 규모가 커지는 비율에 비하여 훨씬 작은 비율로 공급 비용을 증가시켰다. 한편, 산업혁명 이후 현대적인 제조공정에는 전문적인 기술과 지식 등 무형 자산(intangible asset)의 가치가 큰 비중을 차지한다. 그러나 이 또한 시장 규모가 커질 때 총 원가에서 차지하는 비중이 감소되므로 의약품 등 초기 개발 비용이 큰 제품의 초기 가격은 높지만 특허 기간이 끝난 의약품의 가격은 매우 낮게 책정되어 장기적으로 높은 규모의 경제 효과를 보이게 된다.

이와 유사한 논의를 로젠은 논문에서 제시한다. 그는 슈퍼스타가 나타날 수 있는 환경을 두 가지로 요약했다. 우선 슈퍼스타 개인이 얻을 수 있는 수입이 시장 규모에 따라 같이 커져야 한다는 것이다. 다음으로 뛰어난 스타에게 편향될 정도로 보상이 커져야 한다는 것이다. 그 결과 시장이 커질수록 슈퍼스타의 수입은 기하급수적으로 늘어나며 최고의 슈퍼스타는 그 바로 아래 단계의 스타와는 비교할 수 없을 정도로 높은 보상을 받는다는 것이다.

로젠은 대표적인 사례로 연예산업(entertainment business)을 들면서 다양한 경우를 제시했다. 그중 하나가 인적 연결망과 네트워크의 활용이다. 즉, 연예산업의 슈퍼스타는 혼자서 독립되어 일하기보다 자신을 알리고 자신을 알아주는 사람들의 네트워크를 잘 활용한다는 것이다. 최고의 가수와 배우는 TV와 라디오 등 매스 미디어를 잘 활용하여 자신을 알리는 데 열중한다. 최고의 화가들은 자신의 화실에 틀어박혀 그림만 그리는 것이 아니라 자신이 그린 작품을 뉴욕과 파리 등 세계 최고의 미술관에 전시하려고 노력한다. 최고의 작가들은 뉴욕과 런던에 있는 유명 출판사에서 자신의 책을 출판하고자 한다. 마찬가지로 최고의 음악가, 의사, 변호사, 운동선수는 중소도시보다 대도시에서 활약하려고 한다. 연예산업이 갖는 규모의 경제 효과를 고려하면 너무도 당연한 일이다. 즉, 시장 규모가 커질수록 영화, 라디오, TV, 음반 등은 평균 비용이 크게 줄어들고 실질 단가가 현저하게 감소하기 때문에 청중과 소비자 수를 큰 폭으로 증가시킨다. 반면, 연극과 뮤지컬처럼 청중 수가 한정된 연예산업의 경우는 대형 스타가 탄생하기 어렵다.

2) 기업가정신에 주는 시사점

로젠의 슈퍼스타 경제학은 기업가정신에 많은 시사점을 제공한다. 슈퍼스타와 기업가정신이 탄생할 수 있는 가장 공통적인 환경은 규모의 경제이다. 19세기 중반 이후와 20세기의 위대한 기업가는 대부분 현저한 규모의 경제가 나타나는 분야에서 등장했다. 미국 철도산업을 석권한 밴더빌트(Cornelius Vanderbilt), 철강왕 카네기(Andrew Carnegie), 석유산업을 제패한 록펠러(John D. Rockefeller), 자동차산업의 지배자 포드(Henry Ford) 등과 같은 미국의 가장 대표적인 기업가정신을 보유한 기업가들의 사업 환경은 규모의 경제와 밀접하게 관련되어 있다. 이들은 철도, 파이프라인 등 네트워크 산업이 규모의 경제가 현저하여 자연독점적 특성이 있다는 점을 이용한 규모의 경제를 활용하기도 하였고, 다른 경쟁업체를 인수·합병하여 더 큰 규모의 경제를 활용함으로써 경쟁력을 높이기도 하였으며, 포드처럼 컨베이어 시스템을 통한 대량생산방식의 개발로 생산 단가를 낮추기도 했다.

20세기에 등장한 유통산업의 혁신적 기업들도 시장 규모를 크게 확장하면서 시작했다. 시어스(Sears)는 철도의 등장으로 우편의 활용이 크게 늘자 '통신 판매(mail order)'라는 새로운 유통방법을 개발하여 유통업을 석권했다. 월마트(Walmart)는 고속도로망의 발달로 도시가 확장되고 교외의 주택도시(bed town)가 들어서자 도시 외곽 교통의 결절점에 주차시설을 갖춘 대규모 창고형 매장을 짓고 소매업의 주도권을 장악했다. 철도와 고속도로 네트워크가 어떻게 유통업에서 규모의 경제를 바꾸게 될지를 내다본 기업가정신의 사례이다.

마이크로소프트는 컴퓨터 소프트웨어, 이메일 및 인터넷 브라우저를, 그리고 애플은 맥북(Mac Book), 스마트폰과 이에 연계된 앱 마켓을 통해 시장지배적 제품을 출시하여 규모의 경제 효과로 IT 업계를 제패했다. 구글, 아마존, 페이스북(메타) 등으로 대표되는 21세기의 플랫폼 비즈니스는 네티즌에 대한 개별적 정보와 SNS를 통해 검색시장의 규모의 경제 효과를 한층 높인 비즈니스 모델을 구축했다.

이처럼 20~21세기의 혁신적 기업가들이 개척한 네트워크에 기반한 사업과 엄청난 규모의 시장은 로젠이 말한 인적 네트워크와 규모의 경제를 자신들의 사업 영역에서 구축한 것과 크게 다르지 않다.

3) 창조적 파괴

로젠이 말하는 슈퍼스타의 탄생은 창조적 파괴의 과정을 불러온다는 점에서 기업가정신을 발휘하는 혁신적 기업의 등장과 유사하다. 연예산업에서는 소수의 슈퍼스타가 시장에서 거두어들이는 수입의 대부분을 가져가고 나머지 시장 참여자는 크지 않은 잔여 시장(residual market)에 만족해야만 한다.

기업가정신을 갖춘 혁신적 기업가의 등장은 그 이전의 산업을 붕괴시킬 정도로 큰 영향을 미친다. 자동차의 등장은 마차나 자전거 등의 전통적 교통수단을 붕괴시켰고 전기의 발명은 전통적인 조명수단을 사실상 사라지게 했다. 새로운 발명품과 산업의 등장은 수많은 기업을 무너트려 파산시켰으며 엄청난 실업자를 양산했다. 혁신적 기업가는 무자비한 인수·합병으로 규모의 경제를 실현하였으나 그 과정에서 많은 기업이 문을 닫았고 여러 공장이 폐쇄되었다.

동시에 새로운 산업의 출현과 재편성은 또 다른 분야에서 대규모 고용과 관련 산업을 출범시켜 경제에 새로운 역동성을 불러들였다. 슈퍼스타는 인간이므로 자연스럽게 그 경제적 활동에 제한된 수명을 가질 수밖에 없다. 그러나 혁신적 기업은 자신이 보유한 경쟁적 우위를 지속적으로 보유하기 위해 끊임없는 기술 혁신, 원자재의 확보, 새로운 제품의 개발 및 비즈니스 모델의 변경을 시도해 나갔다. 슈퍼스타가 한 분야에서 다른 분야로 업종을 바꾸는 것은 거의 불가능하다. 일례로 정상급 피아니스트가 지휘자로, 뛰어난 운동선수가 스포츠 해설가로 변신하는 것은 사실상 유사한 재능과 능력이 발휘되는 분야로서 종종 관찰할 수 있지만, 프로 농구선수가 프로 야구선수로 직업을 바꾸는 것은 쉽지 않음을 마이클 조던의 사례에서 볼 수 있다. 하지만 혁신적 기업은 변화되는 사업 환경 속에서도 기업가정신을 조직 내에 불어넣어 경쟁력을 높여 나가는 특징을 보인다. 이런 이유로 한 분야의 기업이 새로운 산업에서도 경쟁력을 보이며 일류 기업으로 재탄생하는 경우를 볼 수 있다. 예를 들어 3M은 본래 광업에 종사하던 기업이었으나 기업 특유의 R&D 및 비즈니스 모델 추진 능력을 발휘해 다양한 발명품과 상품으로 그 수익성을 유지하고 있다. 삼성, 현대, LG, SK 등 한국 유수의 재벌들 그리고 미쓰이, 미쓰비시, 스미토모 등 손꼽히는 일본의 기업 집단은 다양한 산업 분야와 업종을 넘나들면서 경쟁력을 유지하고 있다.

4) '성공의 원리'와 슈퍼스타 경제학

바라바시(Albert Laszlo Barabasi)는 『성공의 공식 포뮬러(The Formula : The Universal Laws of Success)』에서 성공하는 사람들의 공통

점을 빅데이터를 활용해 추출했다. '성공의 다섯 가지 공식'(여기에 서술한 다섯 가지 공식은 저자의 의도를 정확하게 옮기기 위해 바라바시(2019)의 번역본 내용을 다소 바꾸었다.)이라 부르는 성공하는 사람들의 공통점은 다음과 같다. 첫째, 성과는 성공의 원동력이지만, 성과를 측정할 수 없을 때는 연결망(network)이 성공의 원동력이다. 둘째, 성과를 내는 데는 한계가 있지만, 성공은 무한하다. 셋째, 과거의 성공 경험이 경쟁력과 만나면 미래의 성공을 보장한다. 넷째, 팀이 성공하려면 독단적이지 않고 궂은일을 도맡아 하는 지도자가 필요하다. 다섯째, 부단히 노력하면 성공은 언제든 찾아올 수 있다.

바라바시가 말한 다섯 가지 공식은 로젠의 슈퍼스타 및 혁신적 기업의 탄생 배경과 매우 유사하다. 첫째, 연결망이 중요하다는 내용은 슈퍼스타가 대도시나 매스 미디어를 통해 규모의 경제를 노리는 것과 같은 맥락이다. 둘째, 성공은 무한하다는 내용은 슈퍼스타의 능력이 발휘될 때 그의 수입이 폭발적으로 증가한다는 말의 다른 표현에 불과하다. 셋째, 과거의 성공 경험이 경쟁력과 만나면 미래의 성공을 보장한다는 내용은 슈퍼스타나 혁신적 기업이 자신의 경쟁력 원천을 제대로 파악하고 이를 실적과 적절하게 연결하여 조직의 DNA로 체화시킬 때 성공 가능성은 더욱 커진다는 것이다. 이는 또 다른 측면에서 경험이라는 보이지 않는 무형 자산은 어디에든 적용되는 것으로서 규모의 경제를 크게 늘려 주는 요소이기도 하다. 넷째, 팀이 성공하려면 독단적이지 않고 궂은일을 도맡아 하는 헌신적인 지도자가 필요하다는 것은 소통 능력의 중요성을 의미한다. 이는 연결망을 활용하고 효율적인 조직 내 역할의 업무 분장과 조정 능력을 갖춘 뛰어난 기업가의 능력을 뜻하는데, 미세한 능력의 차이가 큰 수입의 차이를 보인다는 점을 강조한다. 다섯째, 부단한 노력이 성공 가능성을 높인다는 것은 재능만이 성공을 담보하는 것이 아니고 노력이 병행될 때 성공 가능성이 더 크다는 것을 의미한다. 이 역시 반복되어 발휘되는 노력이 수반될 때 경험치의 무형 자산이 커져서 규모의 경제 효과가 확대됨을 의미한다. 결국 바라바시의 논의는 규모의 경제가 시현되는 구체적인 경로와 협업 메커니즘을 상세하게 묘사하고 있음을 보여 준다.

4 맺음말

    기업가정신은 혁신과 분리할 수 없다. 그리고 그 혁신의 결과는 새로운 생산방식과 제품 그리고 신규 기업의 등장과 함께 기존의 많은 기업체가 문을 닫고 수많은 실업자가 발생하는 창조적 파괴에 이를 정도이다. 이 같은 규모로 혁신이 이루어지기 위해서는 엄청난 소비구조의 변화 그리고 공급 부문의 현저한 비용 절감 등이 수반되어야 한다. 이러한 변화는 과거 전통적 사회에서 이루어질 수 있는 기업의 생산성 증가 또는 뛰어난 상인이 얻는 부의 획득과는 차원이 다르다.

    기업가정신과 그 혁신이 불러들이는 기술적 변화는 산업혁명 이후에나 발생할 수 있는 본질적이고 급변하는 기술 혁신을 전제로 할 수밖에 없다. 대규모 산업구조의 변화와 기업의 탄생 그리고 창조적 파괴가 가능하기 위해서는 어느 정도 자유로운 시장이 형성되어야 한다. 이와 함께 시장의 과실을 누릴 수 있는 특허제도 및 수익을 지켜낼 수 있는 재산권의 보장이 동반되어야 한다. 이러한 점에서 기업가정신은 산업혁명과 함께 시민의 권리가 보장되고 시장에서 자유롭게 자신이 이룬 경제활동의 결과를 누릴 수 있는 근대적 국민국가의 출현을 전제로 한다.

수요의 비약적인 증가는 산업혁명과 중산층 시민사회가 건설한 국민국가의 완성을 통한 철도, 도로, 상하수도시설, 전력 인프라 등 기반시설의 완성 그리고 매스 미디어와 언론의 발달이 가져오는 대규모 시장의 형성을 전제로 한다. 동시에 이는 유통망 등 공급 기반을 성숙시켜 대량소비사회를 가능하게 한다.

산업혁명을 통한 제조업의 발달로 기업가의 능력이 뛰어날수록 수입은 크게 증가하고 비용은 현저히 감소하면서 엄청난 부를 창출하는 기업이 탄생하는 배경이 된다. 수요 및 공급 측면에서의 이와 같은 특성은 전근대적 생산 기술과 제도 환경에서는 나타나기 어렵다. 즉, 산업혁명과 근대적인 국민국가의 탄생 그리고 국가 간 교역의 증가는 기업가정신이 자라날 수 있는 토양이 되었다고 볼 수 있다.

아세모글루와 로빈슨이 주장하듯이 국가의 힘과 사회의 힘이 균형을 이룰 때 기업은 장기적으로 발전하고 그 과실을 유지할 수 있다. 국가의 힘이 사회의 힘에 압도당하면, 국가의 법 집행과 제도적 안전장치는 기업의 경제활동을 지키기에 충분하지 못하며 국민국가가 주도하는 경제성장을 이루어 낼 수 없다. 다른 나라보다 느리더라도 천천히 경제를 성장시키면 되지 않느냐고 생각할 수 있으나 그들은 다른 모든 나라가 경쟁력을 높이고 성장하고 있을 때 정체되는 것은 인적·물적 자본의 축적, 고용, 교역 조건 등에서 경쟁국에 뒤처지는 것이라고 보았다. 이른바 '붉은 여왕 효과(Red Queen Effect)'에 따라 뒷걸음치는 것과 다르지 않다. 붉은 여왕 효과는 『거울 나라의 앨리스』에서 붉은 여왕이 앨리스에게 말한 것처럼 부지런히 달리지 않으면 그 자리에 있는 것도 어렵고, 따라서 끊임없이 노력하고 경쟁해야 한다는 의미이다. 즉, 이는 다른 국가의 성장에 준하는 혹은 그 이상의 성장을 이루어내지 못하면 국제적 경쟁 및 경제성장에서 낙후될 수 있음을 의미한다.

다른 한편으로 전체주의적 국가의 경우 국가의 힘이 사회의 힘을 압도하는 경우 결국 기업이 창출하는 부가가치마저 국가의 힘이 삼켜 버리는 상황에 놓일 수 있다. 상당수의 전체주의 국가가 이웃 국가 및 지역에서의 전쟁을 일으켜서 장기적으로 기업의 경제활동에 큰 위험요인이 되고, 독재적 정권이 유지되면 기업의 활력과 역동성을 제한시켜 기업가정신이 발휘될 수 있는 여지를 남겨 두지 않게 된다. 전체주의 국가는 민주적 국민국가가 창출한 기업가정신의 기술적 성공 사례를 모방할 수는 있다. 일례로, 러시아는 미국의 자동차산업을 모방하여 고유 자동차 브랜드 '라다'를 개발하고 생산할 수는 있다. 그렇다고 해서 러시아에서 포드, 벤츠, 토요타 등과 같이 경쟁력 있는 자동차 산업을 자체적으로 일으킬 수 있는 혁신적 기업가정신이 자생적으로 나타나는 것은 아니다.

　기업가정신에 수반되는 규모의 경제와 기술 혁신은 산업혁명을 통한 산업 생산력의 뒷받침 없이는 불가능하다. 또한 신규 산업의 등장과 기존 산업의 쇠락으로 이어지는 창조적 파괴의 과정은 민주적 국민국가가 형성한 개인의 자유와 대규모 시장의 역동성과 다르지 않다. 기업가정신은 근대화의 산물이다.

참고문헌

- Acemoglu, Daron & James Robinson, Why Nations Fail?, Penguin Books, 2012.
- Acemoglu, Daron & James Robinson, The Narrow Corridor, Penguin Books, 2019.
- Albert Laszlo Barabasi, The Formula : The Universal Laws of Success, 홍지수 옮김, 『성공의 공식, 포뮬러』, 한국경제신문, 2019.
- Hobbes, Thomas, Leviathan, 1651.
- Rosen, Sherwin, The Economics of Superstars, American Economic Review, 1981.